Pour en finir avec **LES TYRANS ET LES PERVERS NARCISSIQUES** dans la famille

ISBN : 978-2-7033-1212-3

une marque du groupe éditorial Piktos,
355 rue de la Montagne Noire - 31750 Escalquens

www.editions-dangles.fr

Yvonne PONCET-BONISSOL

Pour en finir avec LES TYRANS ET LES PERVERS NARCISSIQUES dans la famille

Préface de Sophie DAVANT

Dangles
DEPUIS 1926
EDITIONS

L'AUTEUR TIENT À REMERCIER

Maître Élodie Mulon, Sophie Davant
et tout particulièrement Florence Trébaol
pour son aide précieuse et ses avis judicieux.

Pour la présente édition, merci à Cyril Braniste et Élodie Mulon,
avocats au barreau de Paris, pour leur contribution juridique.

Cet ouvrage est la troisième édition
à nouveau revue et augmentée
de deux titres précédents d'Yvonne Poncet-Bonissol :
Pour en finir avec les tyrans et les pervers narcissiques dans la famille, Chiron, 2012 et
Amour trahi et harcèlement moral, Résidence, Paris, 2000.

DU MÊME AUTEUR

Le couple dans tous ses états : cœur, sexe, famille, leurs amours et déchirures, Résidence, 1999.

Pour en finir avec les blessures de l'amour, Chiron, 2002.

Faire face aux violences des personnalités perverses : les victimes témoignent, Chiron, 2007.

Pour en finir avec l'enfer familial, Chiron, 2008.

Le harcèlement moral dans la famille, Dangles, 2009.

Trahison dans le couple et dans la famille, Dangles, 2009.

Des deuils nécessaires pour rester vivant, Dangles, 2010.

Adolescents : crises, révoltes, fractures, Dangles, 2010.

Pleins feux sur l'amour, Dangles, 2010.

La relation mère-fille, Dangles, 2011.

Se réconcilier avec son corps, Dangles 2011.

Mieux-être au travail, et pourquoi pas ? Dangles, 2011.

Ces peurs et phobies qui nous paralysent, Dangles 2012.

Emprises toxiques et dépendances affectives, Dangles, 2012.

Secrets de famille et non-dits, Dangles 2012.

La Place et le rôle du père, Dangles, 2013.

L'enfant au cœur du conflit familial, Dangles 2013.

Vivre heureux dans une famille recomposée, Dangles, 2015.

« Il y a des héros en mal comme en bien. »

La Rochefoucauld,
Maximes et réflexions diverses

⁂

À Laurine et Bob.

À mes amis et à ceux qui m'ont fait confiance.

Aux victimes qui souffrent et se révoltent.

Aux enfants maltraités et manipulés.

⁂

À Sophie Davant pour sa lutte subtile contre toute forme d'asservissement.

Elle a permis à de nombreuses victimes en souffrance de se reconstruire et de se renarcissiser.

À Élodie Mulon pour sa clairvoyance juridique et son combat implacable contre les violences familiales.

PRÉFACE

Par ***Sophie DAVANT***

Yvonne Poncet-Bonissol est un tube de vitamines et devrait être remboursée par la Sécurité sociale.

Nous nous sommes côtoyées pendant des années sur le plateau de « Toute une histoire », l'émission testimoniale que je présentais chaque jour sur France 2. Elle y délivrait son expertise psychologique. Nous nous sommes observées de loin, évaluées, reniflées, jaugées, avant d'aller plus loin et d'entrer dans une histoire d'amitié. Le respect professionnel et l'admiration prévalaient et en constituaient le socle. J'ai souvent été bluffée par ses fulgurances et sa capacité à s'investir dans la prise en charge des témoins en détresse qui venaient s'exprimer dans l'émission. Yvonne ne fait pas les choses à moitié.

C'est avant tout une soignante, passionnée par l'être humain, une entêtée, une Bretonne, et quand elle décide de vous offrir son aide, elle ne lâche pas l'affaire et va jusqu'au bout : elle cherche, elle réfléchit, elle puise dans son expérience hospitalière et dans son savoir universitaire, et met tout en œuvre pour vous remettre en action, et sur la bonne voie.

Parmi ses sujets de prédilection, et elle en a fait le sujet de ce livre passionnant et ô combien éclairant, les désastres psychologiques provoqués par l'addiction liée à la fréquentation d'un(e) pervers(e) narcissique. Pour en avoir elle-même souffert, elle a passé des années à en étudier les mécanismes et les modes opératoires, ainsi que les effets douloureux subis par les victimes.

Comment définir un pervers narcissique, dans une société où cette appellation est tellement galvaudée et souvent détournée de son sens réel et initial ? Comment le repérer ? Comment s'en prémunir ? Comment se libérer de son emprise ?

Autant de questions dont vous trouverez les réponses en vous plongeant dans ce livre salutaire !

※

INTRODUCTION

La violence conjugale, présente dans la plupart des sociétés, reste méconnue malgré son ampleur : en France, d'après les résultats de l'Enquête nationale, près d'une femme sur dix vivant en couple en est victime.

L'Organisation mondiale de la santé (OMS) a évalué que les victimes de violences conjugales perdent entre une et quatre années de vie en bonne santé et que les coûts de santé engendrés pour la société sont importants (la prise en charge ambulatoire d'une femme victime de ces violences coûte deux fois et demie plus cher que la prise en charge d'autres soins). Blessures, grossesses pathologiques, maladies sexuellement transmissibles, troubles psychosomatiques, angoisse, dépression, syndrome post-traumatique et idées suicidaires sont autant de troubles médicaux causés par la violence. La mort en est l'issue ultime. La violence conjugale atteint aussi les enfants, entraînant chez eux des troubles psychologiques, somatiques et du comportement.

Le système de santé, parmi les secteurs concernés, a un rôle particulièrement important à jouer. Toutefois, les professionnels de la santé sont mal préparés à traiter les conséquences de la violence ou même à en reconnaître les signes. Ces professionnels doivent repérer et orienter les patientes vers d'autres services, dispenser les soins nécessaires, leur apporter une écoute et un soutien, assurer le suivi des symptômes en lien avec la violence, et rédiger un certificat médical. Ils doivent collaborer avec les autres secteurs qui interviennent dans la lutte contre la violence conjugale et dans sa prévention.

Il est des violences qui ne font pas de bruit ; or, souvent, nous sommes aveugles aux égratignures de l'âme. Pourtant, un mot peut détruire. L'amour est sans doute le moteur essentiel de la vie. Parfois, hélas, le couple dérape lorsque des incompréhensions s'accumulent et que les partenaires demeurent prisonniers de leur passé et de leurs douleurs anciennes. C'est alors que relation amoureuse rime avec violence morale, cette dernière se présentant sous mille et un visages, fragilisant la sphère familiale tout entière.

Le harcèlement moral au sein de la famille est une réalité de plus en plus fréquente. Écoutez votre entourage et vous entendrez alors les souffrances apparaître et les langues se délier.

⁂

Les victimes **témoignent**

— Je ne voyais que lui...

Je me suis mariée à 21 ans avec un homme de mon âge que je connaissais depuis trois ans, mais avec qui je n'avais pas encore vécu en couple. Dans les années 1970, les parents refusaient que l'on vive ensemble sans être passés devant monsieur le maire...

Déjà à cette époque, je subissais de sa part des pressions : m'habiller comme ceci, parler comme cela, et surtout me comporter de « façon correcte », des brimades, des violences physiques.

Je voulais construire un foyer heureux, je me sentais forte, nous avions du travail tous les deux ; j'ai eu de la patience, beaucoup de patience. Je lui trouvais des excuses. Pourquoi ? Je ne sais pas. Ne vous y trompez pas, ce n'était pas de l'amour – j'ai pu m'en rendre compte depuis que je sais ce qu'est l'amour.

Il ne me respectait pas et ne s'intéressait pas à moi physiquement. J'étais jeune et bien faite, mais je ne voyais que lui. J'ai dû subir deux interruptions de grossesse avant mon mariage, pas question d'utiliser la contraception, pas question d'avoir des enfants.

Lorsque ma fille aînée est née, j'avais 26 ans, il trouvait que c'était trop tôt. Lors de mon accouchement, j'ai eu des encouragements : « Tu ne sais pas t'y prendre, c'est une catastrophe. » Pourtant, je n'ai pas eu de problèmes particuliers. Avec du recul, je peux dire qu'il n'avait pas accepté que je puisse réussir quelque chose sans lui. Il trouvait « qu'un enfant seul c'est trop triste ». Aussi, j'ai attendu ma deuxième fille ; lors de sa naissance, en 1981, je suis partie seule à la maternité, il a trouvé la maison vide en rentrant du travail. Il ne supportait ni les pleurs ni les soucis. J'assumais tout. Évidemment, en cas de problème : les reproches, et les coups... Il m'a ordonné de quitter mon travail, ce que j'ai fait, sous peine de sanctions graves.

En dehors de notre foyer, mon mari était une personne totalement différente. Il était président d'une association et moniteur. On l'admirait : pour les autres, il se dépensait sans compter. Notre couple était cité en exemple. Des amis nous demandaient conseil parce qu'autour de nous, nombreux étaient les divorces.

La réalité était autre, le climat se dégradait. Lorsqu'il y avait un problème entre nous ou au sujet des enfants, il les mettait sur le palier des heures entières, quelle que soit la tenue dans laquelle les filles se trouvaient et l'heure.

Je n'avais pas de famille, personne sur qui me reposer. J'avais peur, j'étais à bout. Les premières années, après une crise, j'arrivais à surmonter mes douleurs en quelques heures ; le temps passant, il me fallait parfois plusieurs jours. Je savais que si j'avais des problèmes de santé, je perdrais pied. Que deviendraient mes filles ?

Pour éviter tout contact physique, je me couchais lorsqu'il se levait. Il dormait mal, et ne supportait pas que je me repose. J'ai tenté de lui expliquer que « nous » pourrions consulter un conseiller ou un médecin. La réponse a été immédiate : « Tu es folle, va te faire soigner, d'ailleurs je vais te faire enfermer. »

En grandissant, mes filles ont voulu me défendre en allant chercher les voisins, chose interdite. À leur retour, elles ont subi le même sort que moi.

Je rendais visite à une amie qui me voyait régulièrement avec des bleus sur le visage. Un jour elle m'a secourue, en appelant le médecin à son domicile car j'étais incapable de marcher normalement. J'avais reçu tellement de coups que je ne pouvais plus cacher ma douleur, ma détresse.

Avec l'aide d'une amie qui travaillait au Secours populaire, j'ai obtenu le jour même un rendez-vous avec l'avocate qui assurait une permanence dans leurs locaux. À partir de ce moment-là, la décision m'est apparue claire : je devais sauver mes enfants tant qu'il me restait des forces. En sortant du bureau de l'avocate, qui avait sollicité un rendez-vous avec le juge des affaires matrimoniales, je suis allée à la permanence d'une association qui reçoit les femmes battues pour faire une demande d'hébergement. Une semaine plus tard, j'ai obtenu une autorisation de résider séparément de lui, mais avec mes enfants. Tout cela est resté secret jusqu'au déménagement qui s'est effectué rapidement grâce à des amis.

À notre départ, il a recherché « qui avait pu m'influencer de la sorte » car, pour lui, je n'étais pas « capable d'agir seule », j'étais « partie pour un homme » et lui avais « enlevé ses enfants ». Au tribunal, à l'audience, il s'est levé et a déclaré, certificat médical à la main : « Je suis en droit de savoir qui a mis ma femme dans cet état... »

Le divorce a été prononcé à ses torts, les enfants ont choisi de ne plus le rencontrer, elles avaient alors 13 et 18 ans. Il s'en est suivi une période difficile où nous avons vécu dans la crainte. En effet, mon ex-mari venait avec des amis membres d'une association qui défend le droit des enfants. Ils ont essayé de fracturer notre porte. Il nous a agressées dans la rue, en voiture, dans le bus. Il a causé des dégâts à mon véhicule. Il s'est fait licencier de son travail et a refusé les indemnités des Assedic : en étant au RMI, il ne pouvait pas me verser de pension alimentaire et n'a jamais été inquiété.

Au niveau financier, nous étions démunies : nous vivions du chômage et des colis alimentaires. Mes filles ont tout de même poursuivi leur scolarité, l'aînée a obtenu le bac, le concours d'entrée à l'école d'infirmières et son permis de conduire. Aujourd'hui, elle est en dernière année, tandis que la cadette est en première scientifique. Pour ma part, j'ai effectué trois années Contrat emploi solidarité (CES) au secrétariat de l'intendance d'un collège, puis un remplacement de trois mois dans un CFA où je travaille maintenant depuis trois ans.

J'ai rencontré quelqu'un qui vivait seul depuis des années. Nous avons su rapidement que nous nous aimions. Je ne voulais pas de cet amour. Je souffrais, refusais cette rencontre et j'en étais malheureuse. Je me sentais physiquement et moralement handicapée. J'avais peur : comment savoir si j'allais pouvoir assumer cette relation ? Je lui ai parlé de mes doutes, de mes craintes. Il connaissait tout de ma vie, il m'a dit : « Tu es beaucoup plus forte que tu ne le penses, il faut arrêter de penser comme il voulait que tu penses. Tu as su faire le nécessaire pour tes enfants. Pense à toi. » Il a eu beaucoup de patience et d'amour. Il ne pouvait pas me toucher, me serrer dans ses bras. Je lui ai fait confiance.

Aujourd'hui, j'ai une vie de couple épanouie. Je souhaitais un enfant né de l'amour, mais nous avons estimé que 45 ans c'était un peu tardif. Les petits-enfants que mes filles me donneront seront les nôtres. Nous avons des projets malgré nos deux salaires moyens. Nous aurions dû nous rencontrer plus tôt, alors pour compenser, nous nous aimons deux fois plus. Notre relation est basée sur la confiance, le respect et l'écoute. Ma vie sentimentale est comblée.

— Mon mari m'a fait interner

Alors que j'étais élève infirmière, j'ai rencontré un médecin très beau, au charisme extraordinaire. J'avais déjà un fils. Trois mois plus tard, nous emménagions ensemble.

Il se disait fatigué, si bien que je me suis occupée de son propre déménagement. Il trouvait cela normal et, finalement, moi aussi. Je l'ai toujours excusé. Mon fils l'a tout de suite appelé papa. Quand il a désiré un enfant, j'étais en troisième année d'études. Malgré un risque d'accouchement prématuré, il me faisait faire des centaines de kilomètres en voiture le week-end pour aller voir sa famille. Trois jours après la naissance de notre fille, qu'il n'a pas reconnue, il m'a convaincue de rentrer à la maison. C'était trop tôt, j'ai eu des complications qui ont nécessité une hospitalisation à deux reprises.

Pour son installation professionnelle, il a voulu m'épouser. Avec mes deux enfants, c'était intéressant au niveau fiscal. Il m'a demandé de trouver une maison. Le notaire m'a conseillé de lui faire un courrier pour que j'en devienne copropriétaire à 50 %. Il n'a pas osé protester. Puis il m'a reproché de ne pas rapporter d'argent, j'ai donc repris mes études. Mais il ne fallait pas que cela dérange son confort.

J'ai travaillé. Il me trouvait énervée, agressive. Il m'a poussée à démissionner. Du coup, je ne représentais plus rien socialement. Il m'a persuadée que j'avais gâché sa vie et celle des enfants, à tel point que j'ai eu envie de mourir. C'est à ce moment-là qu'il m'a fait interner par l'un de ses amis. Heureusement, le médecin qui m'a examinée par la suite m'a trouvée normale et m'a incitée à porter plainte. Ma famille et des amis se sont mobilisés. J'ai été libérée une semaine plus tard, quand il a cessé de s'y opposer.

Depuis, il a demandé le divorce pour faute, cette « folie » qu'il avait inventée. Il ne s'occupe pas de sa fille, oublie les jours où il doit venir la chercher. Mon fils, qui le considérait comme son père depuis neuf ans, n'existe plus à ses yeux.

— Il m'a dépossédée de ma fille

Très vite après notre rencontre, il y a huit ans, nous avons décidé d'acheter une maison ensemble, une ruine que j'ai retapée seule. Lui occupait un poste important dans une société, moi j'étais travailleuse indépendante dans le secteur artistique. D'après lui, il était plus simple que tout se fasse à son nom, nous devions nous marier. Il avait deux visages. Brutalement, il devenait très méchant, me traitait de tous les noms, voulait ma peau, répartissait du vin rouge sur mes dossiers et mon ordinateur en disant : « Ça m'appartient aussi, comme la maison. Si tu n'es pas contente, va-t'en. » Les lendemains de crise, il jurait qu'il n'avait jamais dit tout cela...

Chaque semaine, je rencontrais des collègues pour aller à des rendez-vous professionnels. Il s'arrangeait toujours pour m'accompagner, m'accusant d'être sur un « coup ». J'ai fini par ne plus y aller. Au bout de quatre ans, j'étais complètement isolée, dans un état d'effondrement total. Un jour où j'étais chez mes parents, qui le considéraient comme un homme adorable et un père aimant pour notre fille, je lui ai annoncé que je le quittais. Il est devenu fou pour la première fois devant eux. Il a dit à mes parents, sidérés, que j'étais alcoolique, instable, dangereuse, à interner. À ce moment-là, j'ai découvert que, lui qui se prétendait fauché, avait déposé de grosses sommes sur dix comptes différents. Dire que mes parents avaient payé la voiture et l'assurance pendant des années !

J'ai réintégré le domicile conjugal pour notre fille et à condition qu'il accepte de se soigner. Chez le psychiatre, il prétendait que j'affabulais. C'est encore moi qui passais pour une folle. Jusqu'à ce qu'il pique une crise devant le psychiatre. Ça m'a fait du bien de ne pas rester seule avec ce secret.

Il y a six mois, il m'a mise à la porte avec notre fille et a essayé de me salir aux yeux de nos amis. Il ne me restait plus que ma fille, dont il ne s'était jamais occupé. À coups de déclarations mensongères, il m'a traînée devant les tribunaux. Sans me laisser m'exprimer, le juge a ordonné la garde alternée. Une semaine plus tard, ma fille entrait à l'hôpital, gravement malade. Depuis, elle demande une surveillance constante, sa vie est en jeu. Ce qui ne l'empêche pas, lui, de la laisser avec une babysitter. Il se sert de ma fille pour me faire du mal.

De l'extérieur, le harceleur se présente comme une personne formidable, brillante, cultivée et charmeuse. Dans l'intimité conjugale, il dévalorise, injurie, détruit à petit feu et prend en otage son partenaire, puis les enfants. Cette destruction sournoise mais réelle touche aussi bien les hommes que les femmes. Ces violences qui ne font pas de bruit conduisent au drame amoureux, ceux qui en sont victimes à la perte de repère et à l'isolement.

-❶-

PERVERS OU PERVERSE ? **APPRENEZ À LES RECONNAÎTRE**

La perversion narcissique se conjugue au masculin comme au féminin. Les êtres au visage d'ange et à la générosité apparente détruisent subtilement et de façon diabolique leurs sphères affective et familiale. Ils sont les auteurs de violences conjugales, qui restent impunies car leurs attaques ne laissent pas de traces visibles. Aussi l'entourage qui en est victime en arrive à se persuader que les conflits et les souffrances sont d'une grande banalité. Comment les débusquer ?

Une identité **mal assise**

Il arrive que le couple, cette association du meilleur et du pire tirée à hue et à dia par l'évolution des mœurs, les conséquences de la révolte de mai 68 et les aspirations des femmes qui se battent pour prendre et garder leur place sur le devant de la scène sociale, soit malmené par un diable ou une diablesse des temps contemporains, agissant comme s'il était question de le ruiner.

Quels sont les signes extérieurs qui permettent d'identifier ce partenaire qui, dans la relation amoureuse caractérisée par le lien « pervers narcissique », assume le rôle du dominant, détruisant la personne et les sentiments ?

Docteur Jekyll et Mister Hyde

Ce Thanatos aux mains blanches, qui sème la perturbation dans l'intimité du binôme amoureux, qui sévit avec l'arme à blanc de la violence morale sous toutes ses formes, endosse en public le costume fringant du partenaire sans peur et sans reproche. Ce double visage échappe à tous, sauf au conjoint vivant sous l'emprise de ce vampire de l'affectif qui capture l'autre pour s'en nourrir, étend son pouvoir pour assujettir, séduit pour exploiter, par « accointance et familiarité nouées par quelque occasion ou commodité » aurait dit Montaigne… « C'est là toute l'ambiguïté. On peut croire qu'aucun changement n'est possible, tant la personne peut être aimable, psychologue, fine à l'extérieur alors qu'elle est à l'opposé de tout cela dans l'intimité », déclare une patiente abîmée psychologiquement. « C'est que, de l'extérieur, il est charmant ! Beaucoup de femmes m'envient », s'exclame une autre femme qui a subi la violence morale dans son couple. Le partenaire à tendance perverse narcissique incarne le conjoint irréprochable aux yeux des proches et des amis. Il sauve toujours les apparences, les soigne, y attache une importance de premier ordre : il s'agit d'offrir un visage sans défaut, aux mains blanches et au sourire clair, aux qualités les plus enviables. Il n'agit jamais à découvert. Perséphone ou Hadès œuvrent toujours dans l'ombre, à l'abri des regards du monde, dans l'intimité amoureuse transformée en territoire de guerre, où l'ombre d'une armure se profile jour et nuit. Il redoute que son entreprise de démolition soit démasquée, tant il a besoin de cette apparence flatteuse, accroché qu'il est au pathétique miroir dans lequel il cherche une confirmation de l'image sans fond à laquelle il se réduit. Le « diable » – étymologiquement « ce qui sépare » – aime la nuit. Il est donc un innocent aux mains pleines… « Mais aux yeux des autres, c'était moi le coupable », déclare un sujet en consultation. Un assassin aux mains propres », ajoute-t-il.

Autre signe extérieur d'identification, cet individu, qui ne doute de rien en apparence, est un orateur rompu ès rhétorique. Il manie la langue avec brio, a des idées sur tout et son contraire, construit des argumentaires à couper le souffle dans les dîners en ville. Il fonctionne tel Dom Juan qui, dans la comédie de Molière, défend l'idée de l'inconstance amoureuse en toute mauvaise foi, parce que cela lui permet de justifier ses agissements, dans cette tirade fameuse où il fait preuve d'un sens implacable de la démonstration.

Dom Juan ou la reine des Amazones sévissent aujourd'hui avec d'autres costumes et d'autres mots à la logique glacée… Ils stigmatisent souvent l'institution du mariage et la vie normative du couple avec fougue, l'ennemi numéro un étant pour eux l'autorité, quel qu'en soit le visage, autorité avec laquelle ils entretiennent d'étranges relations de fascination/répulsion : la transgression des interdits est au fond ce qui les stimule et mène leur désir par le bout du nez. Le partenaire qui harcèle, amoureusement parlant, retombe toujours sur ses pieds, avec le verbe dont il fait une arme de manipulation. « Il a été beau parleur et a séduit tous mes amis », commente une patiente. Pourtant, dans le huis clos de l'amour égratigné, les masques retombent, les mots d'esprit et les raisonnements affûtés à l'humour sont lettres mortes. L'homme d'esprit range ses impressions et sa culture au fond d'un placard. Ce qui importe est davantage d'exister aux yeux des autres, plus que de réfléchir en profondeur : le style l'emporte sur les idées, la forme sur le fond. Si son être est réduit à une image, il en va de même de sa pensée, qui flotte à la surface d'une conscience superficielle. Elle se recroqueville sur elle-même, approfondit peu, et l'aptitude à l'introspection est limitée, même si le verbe se fait subtil sous les feux de la rampe…

Cet être, qui offre l'apparence trompeuse de ne douter de rien, excelle aussi à jouer au héros ou à l'héroïne aux yeux d'autrui, sur la scène de la « comédie humaine ». C'est là l'un de ses signes distinctifs. Combien de partenaires, meurtris par cet antihéros sévissant dans l'intimité amoureuse, disent, en consultation, avoir assisté à de véritables numéros d'autocélébration dignes de la haute voltige ? Tant le sujet à tendance perverse narcissique a une haute idée de ce qu'il est : il a besoin de croire qu'il est un individu remarquable, dont les qualités et les caractéristiques relèvent de l'exception. Pour s'en persuader et se rassurer, il cherche à en convaincre les autres, invente un personnage de cape et d'épée adapté aux « temps modernes », auquel il finit par croire en faisant adhérer ses proches, ses amis et ses collègues à cette image. Cette représentation chevaleresque se rompt le cou à l'examen du miroir intime qui se fracasse, à peine la porte du logis refermée : l'homme – ou la femme – « sans qualités » reprend ses droits, l'antihéros tout nu blesse, tourmente, n'a plus d'enthousiasme ni de projet mirobolant. Il se contente du poste de télévision pour vivre ses aspirations mégalomaniaques et son goût des sensations fortes par procuration. S'il réalise parfois sa vie dangereusement en pratiquant des activités sportives à risques (vivre vite, frôler le danger, pour s'éprouver vivant, pour retrouver des sensations perdues il y a bien longtemps), il se contente aussi de ne faire qu'en parler et les vivre par petit écran interposé.

C'est bien de cet indice que témoignent des patients fragilisés par ce type d'individu qui semble programmé pour détruire le couple où il erre comme un spectre sans pouvoir prendre chair, sans pouvoir jouir de ce qu'il est. Le partenaire amoureux qui sème la zizanie et paraît prendre un malin plaisir à faire souffrir moralement, est comme divorcé de ses sensations. Nombre de patients témoignent de cette anesthésie des sens de leur conjoint. Insensible aux caresses, parfois aux sensations de chaud ou de froid, incapable de se laisser approcher et toucher à certains endroits du corps, il donne l'impression d'avoir placé entre la vie et lui un écran qui le protège, l'empêche de lâcher prise, de participer. Son corps reste à distance, comme non autorisé à se mettre en vie. Alors il lui faut le contraste de la neige et du feu, de la brûlure et de la glace, pour se sentir un peu vivant, pour retrouver son enveloppe charnelle.

Les limites sont ainsi repoussées dans le cadre de la sexualité, pour que le corps s'y retrouve, pour que la sensation renaisse. C'est la porte ouverte à la réalisation de fantasmes théâtralisés, destinés à restaurer une sexualité qui tourne au fiasco. La violence morale se fait jour et le seuil de l'inacceptable est atteint, là où il est question de faire pression sur le partenaire dont les sentiments sont mis à mal, s'il lui est demandé de se plier à des mises en scène dont la fonction est de redonner de la vitalité à un désir qui prend la poudre d'escampette… L'inadmissible est atteint lorsque le sujet tente de combattre ses symptômes de froideur sexuelle – entre autres : aversion des odeurs, difficulté à lâcher prise, frigidité, répugnance pour le sperme et le toucher, impuissance, etc. – en obligeant son partenaire à un scénario fantasmatique de compensation, qui peut aller jusqu'au sadomasochisme s'accompagnant de violence physique. Les individus ayant vécu des événements traumatiques semblables aux scénarios du marquis de Sade, à coups de cire chaude, de brûlures et de fouet, ne sont pas toujours consentants.

Ces handicapés de l'amour, dont le projet est davantage de briser le lien amoureux, en faisant souffrir l'autre, offrent souvent une physionomie déconcertante, au regard de l'assurance avec laquelle ils énoncent leurs certitudes en papier glacé. Le décalage est frappant, entre ce vernis d'une maturité de façade et l'apparence quasi juvénile de ces personnages romanesques de Grand-Meaulnes, de jeunes filles en chapeau peintes à la Cranach, avec boucles d'oreilles immenses et accessoires ostentatoires... Ces corps d'exhibition, comme suspendus dans leur évolution, décalés par rapport à l'âge figurant sur leur carte d'identité, semblent rivés à une adolescence qui leur colle à la peau, à la silhouette et au visage, malgré les années.

Dénués d'émotion, ils traversent le temps sans trop d'obstacle. Tout leur est dû, ainsi protègent-ils admirablement leur enveloppe.

Ces coquilles superbes mais vides savent provoquer la fascination, avant de détruire en travaillant sans cesse avec la froideur et la dévalorisation.

La peur rentrée de n'être personne

Cet opportuniste des alcôves n'est qu'un fantôme sans affect, un contenant à la recherche désespérée de son contenu, qui n'a pour énergie que la peur de n'être rien ni personne. Cet effroi intériorisé et refoulé de ne pouvoir compter sur lui-même, est à la source de ses agissements. Cette terreur est à l'origine de ses abus, de ses actes tendant à instaurer dans la relation amoureuse une logique de domination. Elle explique le trop grand intérêt que ce personnage réduit à une apparence trompeuse porte à lui-même : tel Narcisse, il cherche dans mille et un miroirs pathétiques ce qu'il est vraiment. Séduire, pour capter dans le regard du partenaire possible, les contours de cette âme et de cette profondeur affective qui n'ont pas pu se développer en lui. Victime d'un narcissisme négatif, le « bourreau » qui met le feu aux fondations du couple, cherche en permanence à se rassurer sur ce qu'il est au quotidien, même si ses agissements de tortionnaire semblent énoncer le contraire. Plus Narcisse voit son image se déliter dans le miroir de ses inquiétudes, plus il resserre l'étau, plus ses mots se font cassants, dévalorisants, plus il humilie, rabaisse, insinue le doute chez son conjoint, tant il fonctionne dans la dénégation. Plutôt projeter ses difficultés d'être sur l'autre, que d'affronter la question de la mésestime de soi et du « qui suis-je ? » ou du « connais-toi toi-même ». Le comportement du tyran dans l'intimité décline l'énoncé : « Ce n'est pas moi qui ne suis rien, c'est l'autre. » Ce qu'il faut décoder par : « Je doute, je n'existe pas, je fais donc douter l'autre de ce qu'il est pour me rassurer, me sécuriser. » L'amoureux à tendance perverse narcissique passe sa vie à colmater les brèches, à courir après lui-même sans jamais se rattraper. Il court, il court, à la recherche de celui ou celle qui apaisera ce doute d'autant plus fondamental qu'il est rentré et inconscient. Le partenaire, si sa problématique l'y condamne, subira le sort des victimes de Frankenstein, celui qui découvre avec horreur sa laideur, sa différence que la société condamne. Le pervers narcissique a connu dès l'enfance ses propres bourreaux, comme nous le verrons.

— « Miroir, mon beau miroir... »

L'interrogation anxieuse de l'être qui abîme l'autre et est incapable de vivre le lien amoureux se répète à l'infini. Dans les miroirs fantasmatiques où les clones de la belle-mère de Blanche-Neige et les copies de Dom Juan sont en quête de restauration, ne défilent que des images pâles, sans consistance, sans état d'âme, sans autre sentiment qu'un amour inconsidéré de l'ego. Accrochées au fantasme de la toute-puissance à laquelle une surprotection affective les aura empêchées de renoncer, ces « figures de désastre » qui assassinent les sentiments d'autrui n'ont qu'un but : se plaire malgré, envers et contre tout, s'aimer à outrance, jusqu'au vertige, pour oublier la profonde détestation qu'elles ont d'elles-mêmes. Dans les miroirs qui jalonnent l'existence de ces êtres condamnés à la solitude intérieure, se reflètent les visages de ceux qui sont coupés de leur vie affective, anesthésiés dans leurs sensations. Les handicapés de la vie, trop pleins d'eux-mêmes, s'y mirent, les yeux vides, le cœur empêché. Il n'y a de place pour personne dans la glace, sinon pour ce reflet rafistolé au jour le jour et qui les renvoie à leur vacuité. Un Narcisse est quelqu'un qui croit se trouver en se regardant dans le miroir. Toute sa vie est consacrée à chercher son reflet dans le regard de l'autre, qui n'existe pas en tant qu'individu mais en tant que miroir. Il fait toujours illusion pour fuir son vide. C'est pourquoi il envie ceux qui semblent posséder les choses qu'il n'a pas et désirerait. Il agit en propriétaire de ce qui ne lui appartient pas. Attention, ne vous méprenez pas, il manque de profondeur affective et n'arrive pas à comprendre les autres. Incapable d'aimer, il agresse même leurs sentiments de tristesse et de deuil. Ne pas parvenir à éprouver de sentiment dépressif est un trait fondamental de leur personnalité.

La question qui le mine et le pousse à abuser de son conjoint, à l'envelopper dans la toile d'araignée qu'il tisse, de jour en jour, pour le posséder, le soumettre, le vampiriser, est celle de la « vie, mode d'emploi » : comment faire pour s'éprouver vivant, pour s'en sortir avec son image ?

Le miroir demeure silencieux, face à ces embryons d'êtres dont le développement a été arrêté dès l'enfance : comment répondre à une image qui s'accroche aux apparences, n'a pas les moyens d'aller au-delà du reflet, de la surface lisse ? Comment répondre au « tyran de l'affectif » que ses valeurs sont fausses, qu'il souffre d'un déficit d'être, qu'il risque de passer sa vie à détruire son conjoint, qu'il confond les apparences et l'être, l'opportunisme et les sentiments humains ? Comment répondre à celui qui pille le partenaire de ses richesses morales ou matérielles tous azimuts, comme un voleur de grand chemin s'empare d'un butin, que les seules vraies jouissances sont celles de l'être et de l'échange, du partage et du don de soi ? Narcisse n'a pas les moyens de la rencontre humaine : fixé au miroir, il redoute de voir disparaître les contours de son image, comme le narrateur du *Horla* de Guy de Maupassant, qui découvre avec horreur durant quelques secondes, qu'il n'y a plus personne dans la glace…

Écraser l'autre, cet « objet », cet étranger à soi, qui attire aussi bien qu'il effraie, est la tactique de cet apeuré de la vie qui doute tellement d'exister, qui a si peu d'autonomie psychique, qu'il est prêt à tout. La peur est le ciment qui consolide les murs défensifs érigés dans l'intimité amoureuse, cette intimité qu'il redoute inconsciemment et par-dessus tout, puisqu'il a peur de n'être personne, donc d'être dévoré. La relation amoureuse ne peut dès lors exister, quand la terreur de n'être rien en est le moteur. Tel un tigre, le partenaire handicapé se repaît de l'identité de l'autre qu'il traque et attaque pour se nourrir, sur le territoire des sentiments, non de sa chair, mais de ses qualités de cœur et d'âme. Il flaire les compétences, l'énergie de vie, la générosité, les talents dont il s'empare d'un coup de patte plein de mépris : il pose sans le savoir un regard tellement négatif sur sa personne à l'identité fissurée, se déconsidère de telle manière qu'il ne peut ni estimer ni respecter sa compagne. Aussi, bafouer l'amour revient-il à bricoler une meilleure image de soi, à greffer sur les ruines de l'autre. Cette méfiance vis-à-vis de lui-même et ce manque de confiance intérieure le poussent à toutes les transgressions, sur les routes de l'imposture, là où il s'efforce de restaurer l'image dévalorisée qu'il a de lui-même en épuisant au quotidien la proie qu'il n'a pas choisie par amour, mais dont il habite l'identité.

— Oui, tu es la plus belle, mais...

Pourtant, le conjoint tyrannique est le meilleur partout, il réussit tout ce qu'il entreprend, de son seul point de vue, bien sûr. Le partenaire en revanche a tout faux : mauvaise mère (mauvais père), mauvais(e) amant(e), issu(e) d'une famille qui le déclasse. Bref, le pervers attribue à son partenaire ses propres défauts. Mais il ne se remet jamais en cause. Cet agresseur retourne la situation, endosse le rôle de la victime et fait porter à l'autre la responsabilité de ce qui ne va pas. Il lui faut rabaisser l'autre pour acquérir l'estime de soi. Ce handicapé des sentiments multiplie les pressions de toute nature : le dénigrement (« Tu es vraiment nul(le) »), l'humiliation, la dictature de la pensée (« Tu n'as pas ton mot à dire », « Tes amis sont tous névrosés »), la surveillance et le chantage à l'argent qui permet de faire la loi sur un conjoint dépendant...

Quand cet immature irresponsable se trouve placé devant un engagement, là il ne peut plus assurer. La relation de couple, le projet d'avoir un enfant ou encore l'achat d'une maison le pétrifient. Alors, il commence à se démasquer et à devenir machiavélique. Dès lors qu'il sent sa proie lui échapper, il sort toute la batterie de sa violence rentrée.

Cette analyse surprendra les victimes sous l'emprise de ces êtres qui, faute d'être vivants, ne font que réagir, se défendre de tout ce qui est perçu comme différent, donc ressenti comme dangereux. Pour construire une relation amoureuse, encore faut-il être construit soi-même, et que les fondations existent. La confiance en ce visage de l'amour qui, soudain, surgit dans la vie, est alors possible, puisqu'elle s'assoit sur le terreau d'une estime et d'une confiance en soi. Pour le tyran des alcôves domestiques, le visage de l'autre ne l'engage aucunement. Piégé par son narcissisme négatif, fixé au stade du miroir lacanien, il ne peut devenir responsable, comme le dit le philosophe Lévinas, de ce visage qui signe la différence. Quand l'autre paraît, il est seulement question de le tenir à distance, de l'utiliser pour rehausser l'image de soi, de tordre le cou à une peur viscérale, consubstantielle : être annulé de la scène. C'est ce à quoi les personnes subissant l'ascendant des personnalités à tendance perverse narcissique doivent réfléchir : les apparences auxquelles le bourreau tient plus que tout sont infiniment trompeuses.

S'il écrase, c'est qu'il a peur d'être dominé ; s'il ment, c'est qu'il se ment à lui-même pour croire en son vernis d'être ; s'il attaque, c'est pour se protéger ; s'il humilie, vexe, insulte, dévalorise, insinue le doute, c'est qu'il n'a aucune estime pour lui-même. Il passe sa vie à se maintenir la tête hors de l'eau, en y noyant les autres. Il place son identité fracturée sous cloche, se déshumanise par peur d'être dévoré par autrui. Derrière la façade lisse qu'il offre, les coulisses sont autres. Le tortionnaire amoureux s'épuise à donner le change, il est son propre bourreau.

L'autre, l'intolérable

— Seul au milieu des choses

Dom Juan, ou le désir et la recherche effrénée du « pouvoir aimer », dit Julia Kristeva dans *Histoires d'amour*[1]. L'engagement n'est pas son affaire, il n'en a pas les moyens psychiques. Cette incapacité est un autre signe de reconnaissance. Voici ce qui motive, ce qui stimule, ce qui galvanise le pervers narcissique : prendre le pouvoir sur autrui, jouer avec les sentiments de cet autre sur lequel rebondit son désir malade, le temps d'une illusion, celle de l'emprise. Cet être ne poursuit qu'un but, saccager le désir d'autrui et anéantir tout lien qui déboucherait sur la réalité d'une implication affective. Le mot « relation » n'a pour lui aucun sens, il s'en défend comme de la peste, il ne sait que capter, posséder, thésauriser l'élan amoureux du partenaire appréhendé comme un objet, comme la cassette à laquelle reste fixé Harpagon. Il supporte mal les liens familiaux de son propre conjoint, comme il est lui-même inapte à construire une relation amicale qui l'engagerait à s'impliquer. Nous verrons pourquoi cet individu condamné à prendre son reflet pour la réalité reste fixé au stade anal, c'est-à-dire à ce comportement possessif qui interdit toute vraie relation profonde et fidèle sur le long terme.

« Aucun sentiment, aucune émotion », dit en thérapie une personne maltraitée. « Pas d'affect », déclare une autre en séance, en parlant de son conjoint. S'il est coupé de ses sensations, il reste de la même façon à distance de toutes les implications sentimentales et affectives. Mieux, il les rejette, il les expulse, prisonnier d'une peur viscérale qui fait écho aux origines, aux relations vécues dans l'enfance avec ses parents. Cela, il ne le sait pas. S'il en a une vague intuition, il reste prisonnier d'un

1 Julia Kristeva, *Histoires d'amour*, Paris, Gallimard (Folio essais), 1985.

inconscient qui, lui, n'éprouve pas le temps. Ainsi ce sujet est-il « parlé » au sens lacanien, frappé d'anesthésie affective. Son système de défense en béton armé se met en marche comme un rouleau compresseur qui écrase toute velléité d'affect, ce dernier étant renvoyé dans les profondeurs de cet être intérieur avec lequel il est en rupture. Il se protège derrière une citadelle lisse qui résiste à toute tentative d'approche et de pénétration, il fuit ou il tue les sentiments du partenaire qui a la bonne volonté de son désir. Il décourage ses efforts, ses initiatives, refuse même de réfléchir à ses difficultés personnelles si d'aventure le conjoint l'y invite. Il est dans le déni, signe et persiste en ce sens.

Cette inaptitude à l'engagement est une hydre aux différentes têtes dont l'opiniâtreté n'a pas de limite. Quelles que soient les tentatives pour les supprimer, l'effroi d'avoir à s'impliquer aura toujours le dernier mot, et resurgira de tête en tête, plus hideuses les unes que les autres. Ne pas s'engager, c'est considérer le partenaire sous l'angle de l'objet à manipuler sans vergogne, selon le besoin, le caprice et l'humeur du ciel mental. Autrement dit, l'autre n'est ni considéré comme une personne, ni respecté comme telle, pour sa singularité, sa sensibilité, son être, mais entre dans le champ d'une stricte interchangeabilité.

S'ouvre alors la valse des partenaires, ces « choses » que l'être pervers, qui escamote purement et simplement les limites, manipule comme des jouets entre ses doigts distraits. Dans *Les Liaisons dangereuses*[2], le comte de Valmont ne pose pas le même regard sur madame de Merteuil que sur madame de Tourvel, il rebondit de l'une à l'autre, prisonnier de son incapacité à faire le pas vers un choix affectif. Dom Juan passe de Done Elvire aux paysannes Charlotte et Mathurine, à qui il promet monts et mer-

2 Choderlos de Laclos, *Les Liaisons dangereuses*, Paris, Flammarion (GF), 1996.

veilles en jouant avec leur naïveté ; sa cruauté de libertin illustre son degré abouti d'irresponsabilité, même s'il a incarné en son temps une figure de révolte. Combien de patients se sont plaint des échappées amoureuses de leur conjoint, combien disent avoir eu la sensation de ressembler à une photographie d'Andy Warhol démultipliée à l'infini ! Si les corps dans leur immédiateté accrochent le partenaire plein d'un vide intérieur, celui-ci en gomme l'humanité et la singularité. S'il n'est rien lui-même, comment les autres seraient-ils quelqu'un ? C'est Zeus qui épouse Thémis, Déméter, Mnémosyne, Aphrodite, Léto, Héra, mais qui convoite aussi de belles mortelles. Combien de patients disent avoir été laissés sur la grève, après que Nosferatu avec ou sans jupon a dévoré leur énergie, leur talent, leur force, pour passer à cette « autre chose » que constitue tout être qui tombe sous sa dépendance ! « Il avait trouvé une autre femme, à ses dires fraîche, pleine de vie », déclare une victime lors d'une séance, avant d'ajouter : « Il m'a démolie en neuf mois et est passé à une autre qu'il a démolie aussi, puis il s'est marié et a eu trois enfants. Il serait devenu fou, selon son propre père. »

— Absent à nous

Ne pas s'engager, tourner le dos aux responsabilités, ce n'est pas seulement rebondir d'un être à l'autre comme par ricochet, qu'il existe ou non une vie commune. Les sujets pervers ne ressemblent pas tous à Casanova, à Bel-Ami, à Rastignac, à Julien Sorel ou au beau Rodolphe flaubertien, qui multiplient les conquêtes amoureuses par besoin ou opportunisme, jouissent d'un rapport étrangement pervers avec la loi et la norme qu'ils transgressent pour sentir vivre leur désir au panache souffreteux. Ne pas s'impliquer, c'est aussi s'engager en apparence à vivre à deux, mais ne pas être là, dans le couple. C'est s'en absenter par le refus d'agir dans la vie intime. Ne pas se soumettre, mais se démettre : telle est la loi du partenaire à profil pervers qui, dans l'espace clos d'une intimité ressentie comme effroyable et qu'il rend vite irrespirable, se dérobe. Il n'alimente le couple en aucune façon, place toute son énergie au service de sa destruction.

Sans enthousiasme, sans initiative aucune, il ne sait que dévaloriser, décourager la bonne volonté et l'optimisme du conjoint sur lequel il assoit un pouvoir en le fragilisant, en l'amenant à douter de ce qu'il est. Son souci est de tuer l'esprit d'initiative et de vampiriser les qualités et les richesses morales ou matérielles de la personne avec qui il cohabite plus qu'il ne vit. « Vies parallèles », pourrait-on dire. Ou imposture de l'amour.

— Une mentalité de prédateur

Séduire pour prendre sans rien donner est donc sa loi. L'échange amoureux est impossible avec ce type de sujet qui prend l'image pour l'être. Le partenaire pervers est un chasseur qui sévit dans la jungle obscure où il cherche la proie dont il a besoin pour alimenter le vide qui le constitue. L'attrait de la conquête est ce qui motive aussi l'appétit de ce chasseur – ou de l'amazone – dont la patience est infinie, lorsqu'il s'agit de traquer. Le pervers sait parfaitement repérer et capter l'attention de la proie humaine dont son instinct lui dicte qu'elle correspond à son besoin, et qu'il invite, le plus gracieusement du monde, à une partie de carnage… En effet, comme le déclare un sujet en consultation, le futur conjoint peut se montrer au début « gentil, calme, rassurant ». Cet être qui ne sait pas ce que morale veut dire, qui n'a aucune notion de ce que sont la limite et l'interdit, se montre sous son plus beau jour.

Il offre le visage romantique de l'aristocrate désargenté Julien de Lamarre qui séduit Jeanne, dont la famille pourra redorer le blason de sa fortune bien amaigrie, dans le roman *Une vie*[3] de Guy de Maupassant. Le pervers narcissique tend ses filets, tisse sa toile d'araignée autour du sujet dont il flaire et convoite avec rage les points forts et les compétences : talents, pouvoir d'attraction, générosité, charisme, fortune, relations, etc. Il détecte en l'autre, à l'instinct, et c'est bien ce qui l'attire violemment, d'autant qu'il crève de ne pas en jouir par lui-même, une prodigieuse propension à s'éprouver vivant. C'est bien souvent cette capacité de lâcher prise et de jouissance d'être du partenaire qui l'attire. Ce sont les rires et la sensualité animale de Mathurine et Charlotte qui séduisent Dom Juan, même si la transgression de la classe sociale est le moteur qui rallume son désir en mauvais état[4].

La stratégie du chasseur en mal de sensation, du profiteur au visage de vampire, passe par la flatterie, arme redoutable. « Allons chasser la femme à Séville ! », dit Dom Juan à Alcacer dans *La Mort qui fait le trottoir*[5]. Son instrument est le langage qu'il maîtrise en virtuose. La voix s'amollit, se fait câline, s'enroule comme un serpent autour de l'âme de sa future victime. Le visage se fait sourire, les yeux jouent la complicité, pour accompagner ces mots qui fonctionnent, stratégiquement, comme autant de caresses enjôleuses. Ce type d'individu, qui va à l'utile, et pour lequel aucun agissement n'est gratuit, utilise l'arme du compliment pour attaquer dans une exquise douceur. Il s'agit de faire vibrer la corde du narcissisme du partenaire convoité pour obtenir ce que l'on veut. Le Dom Juan de Molière ira jusqu'à mentir, et complimenter la jeune paysanne sur ses mains sales… Julien de Lamarre exploitera les clichés romantiques sur fond de barque devant un soleil couchant, pour faire tomber Jeanne

3 Maupassant, *Une vie*, Paris, Flammarion/Librio, 2001.
4 Molière, *Dom Juan*, Paris, Larousse (Petits Classiques), 1998.
5 Henry de Montherlant, *La Mort qui fait le trottoir*, Paris, Gallimard, 1972.

la bien dotée dans ses filets vides. Rodolphe, en pleines foires agricoles, appellera les lieux communs les plus éculés pour enjôler la belle Emma Bovary.

Une autre stratégie plus subtile de la séduction, destinée à mettre l'autre sous emprise, consiste à faire fonctionner le manque, une fois le premier coup d'épée porté. Briller par son absence et par son silence, quelque temps durant, permet au chasseur d'étendre son pouvoir en créant l'état de dépendance. L'imaginaire de la future victime est ainsi placé face à un vide abyssal, qu'aucune limite ne cerne. Inquiétudes, doute de soi, interrogations démultipliées vont bon train, tant la personne appâtée est renvoyée à sa solitude, piégée dans ce système aux mâchoires implacables qu'est l'attente qui n'en finit pas. Stratégie particulièrement efficace quand la proie est encline à la mélancolie voluptueuse, dont elle tire de singulières jouissances. L'état d'insatisfaction titillé, elle est prête à tomber aux mains de cet être étrange qui la fascine par son apparente supériorité : il lui suffit de réapparaître, sans scrupule ni culpabilité, et de poser ses griffes sur la nuque du sujet préparé à s'offrir en sacrifice.

Mais peut-être n'a-t-il rien à donner parce qu'on lui a pris beaucoup, ou tout pris, parce que les modèles du passé lui ont, en partie, volé son enfance…

⁂

L'enfance du **pervers narcissique**

« Je n'ai jamais été un enfant », dit Brasse-Bouillon, l'enfant malmené du roman d'Hervé Bazin, *La Mort du petit cheval*[6]. « Je suis celui qui marche, une vipère au poing [...] Haïr, c'est s'affirmer. Je suis, je vis, j'attaque, je détruis », déclare-t-il à la fin de *Vipère au poing*[7]. Qu'en est-il donc du passé du partenaire à profil pervers narcissique qui lamine le couple, tue les sentiments et fait avorter dans l'œuf la relation sentimentale en la vivant du côté de la haine ? « Les plus sincères amitiés, les bonnes volontés, les tendresses à venir, je les soupçonnerai, je les découragerai, je les renierai », affirme comme un credo Brasse-Bouillon. Qu'en est-il de l'enfance du conjoint dont les seules émotions sont la colère, la peur ou la rage ? Qu'a-t-il vécu durant ces vertes années, au moment où le moi se construit, quand s'apprend la langue affective que l'adulte parlera demain, en reproduisant souvent ce qui lui a été inculqué ?

Avançons que la leçon retenue sur le bout des doigts, celle qu'il connaît par cœur, celle qu'il décline à tous les cas et conjugue à tous les temps, a pour thème le verbe « souffrir ». Gageons que ce partenaire qui sème la terreur dans le couple est le résultat de son éducation : s'il fait mal, s'il se fait vipère, c'est qu'il fait ce qu'il peut pour sortir de son état d'ancienne victime, pour se maintenir à distance de la vie et des autres, parce que ses

6 Hervé Bazin, *La Mort du petit cheval*, Paris, LGF/Livre de poche, 1955.
7 Hervé Bazin, *Vipère au poing*, Paris, LGF/Livre de poche, 1972.

éducateurs l'ont malmené, ont été abusifs, d'une façon ou d'une autre. Durant l'enfance, il a dû plier l'échine, subir de mauvais coups à l'âme et au cœur, il s'est trouvé pris dans la contradiction douloureuse que résume la célèbre formule d'Hervé Bazin : « Famille je vous hais... Famille je vous aime ! »

Coincé entre la culpabilité (avoir à renier ceux qui ont attenté à son intimité, à sa personne) et l'attachement profond à ses premiers modèles d'identification, il vit dans la contradiction, apprend à fonctionner avec la méfiance, à se protéger en construisant une cité interdite à qui voudra plus tard s'en approcher. « Toute autre vie menace un peu la mienne, ne serait-ce qu'en respirant une part de mon oxygène », dit Brasse-Bouillon, avant d'affirmer, lourd de sa souffrance rentrée d'adolescent meurtri que la révolte rend supportable, que son « destin » a été préparé par « cette escroquerie [qui] s'appelle l'éducation ». Le résultat sera la haine de l'autre perçu comme une menace ; les moyens de l'existence seront la recherche du pouvoir pour assujettir ce qui pourrait mettre en danger ; avec au final, la répétition de ce qu'il a vécu dans l'enfance. La boucle est bouclée : « Je répète : puissance de moi. Tel est l'archange qui terrasse le serpent », conclut Brasse-Bouillon. Il va sans dire que le pervers narcissique n'a pas « les mots pour le dire », pour reprendre le très beau titre d'un livre de Marie Cardinal[8], et que tout ce qu'exprime le personnage d'Hervé Bazin se rumine, dans la réalité, dans les profondeurs de l'être, sans qu'il en ait conscience. C'est bien là que le bât blesse : encore faut-il que le conflit soit intériorisé par le sujet pour que ce dernier puisse s'en libérer. Or, il est dans le déni, à la différence du sujet névrosé qui a conscience de ses difficultés psychiques.

---

8 Marie Cardinal, *Les Mots pour le dire*, Paris, LGF/Livre de poche, 1977.

Les bleus de l'enfance

Quels sont les différents visages de ces abus éducatifs qui ont anesthésié ses affects, dont il a désormais pour obsession de se protéger, comme s'il se répétait inlassablement : « Plus jamais ça » ? Que se cache-t-il derrière « ça », quel secret de famille, quels comportements se transmettent de génération en génération, en toute impunité, comme si cela allait de soi ?

Les mots que le conjoint infernal connaît intimement sont « manipulation », « chantage affectif », « repères brouillés », « absence de limites ». Ces réalités vécues dans le quotidien de son enfance et de son adolescence seront celles qu'il fera vivre à son conjoint, dans « l'anti-couple » qu'il s'ingéniera à vivre et à faire subir. Faire de l'autre une victime parce qu'on l'a été : au jeu des poupées russes, les familles sont parfois reines. C'est Médée qui assassine ses enfants pour se venger de l'infidèle Jason qui la fit souffrir. Dominer, parce que l'enfance vous a avili, écrasé, pour ne plus prendre le risque d'être une nouvelle fois blessé dans les fondements de sa personne, dans sa chair.

Les tactiques de dévalorisation sont un premier visage de cette enfance volée. Elles constituent un véritable traumatisme lorsqu'elles se répètent au quotidien. « Prime pour la mention *très bien*, daigna expliquer Mme Rezeau dans cette langue économe qui traduisait par de légères inflexions le mépris que lui inspirait l'échec de Fred, et la condescendance qu'il convenait d'adopter envers ma pauvre mention *bien*. » Qui a mieux qu'Hervé Bazin exprimé les drames de l'enfance frustrée, blâmée, meurtrie par l'irrespect ? Critiquer l'apparence physique, comme le fait Amanda, la mère de Laura, dans *La Ménagerie de verre* de Tennessee Williams[9], est une atteinte à la personne et

9 Tennessee Williams, *La Ménagerie de verre*, Paris, Éditions Théâtrales, 2000.

pousse le jeune être sur la pente d'un narcissisme pathologique – il risque de se détester profondément, et de tomber dans un égocentrisme apparent pour ne pas en souffrir : « [...] Au risque de te peiner, je dois te dire honnêtement que tu as une poitrine plate. » Difficile d'asseoir une féminité avec de telles réflexions !

Ne pas respecter les désirs singuliers d'un enfant, ne jamais reconnaître sa réussite dans un domaine ou dans un autre, ne pas le féliciter après l'obtention d'un diplôme ou à la suite d'un succès sportif ou artistique, laisser entendre à longueur d'année que ce qui est acquis n'est pas suffisant, que cela n'est pas encore assez, autant de stratégies manipulatrices qui sont des blessures narcissiques profondes. « Et je ne parle pas de Ferdinand... Celui-là sait peut-être ce qu'il veut. Mais ce qu'il veut, c'est ne rien faire », insinue à la table familiale « l'anti-mère » Folcoche, celle qui, dans *La Mort du petit cheval*, sait si bien mettre à distance avec les yeux... Ou encore, Amanda à son fils Tom, dans la pièce de Tennessee Williams : « Tu n'apprendras jamais rien nulle part, tu vis dans les nuages, et tu te nourris d'illusions. » Ces comportements et ces paroles sont dévastateurs, dans la mesure où ils empêchent l'enfant ou l'adolescent de construire une confiance en lui-même indispensable à l'érection de la confiance en l'autre, dans l'amour.

De même, obliger un(e) jeune à accomplir des besognes avilissantes, telle Cendrillon utilisée comme souillon par une marâtre dévorée de jalousie, constitue, de manière concrète, un acte de dévalorisation, lequel peut aussi se traduire par l'utilisation de surnoms ridicules.

Opérer la fouille systématique de sa chambre, comme le fait l'abbé chargé de l'éducation des jeunes filles protégées par madame de Maintenon, dans le film *Saint-Cyr*[10], ou organiser la

10 *Saint-Cyr*, film français de Patricia Mazuy, 1999.

« rafle générale » à la manière de Folcoche : autant d'atteintes au narcissisme de l'enfant, dont le développement de la personnalité se trouve perturbé, tant cela constitue un viol de son territoire intime.

La victime de ces frustrations éducatives sera condamnée à rechercher *ad vitam æternam* cette fameuse reconnaissance parentale qui se dérobe, à la manière d'un éblouissant mirage, à mesure qu'on s'en rapproche.

Elle s'épuisera, sans disponibilité pour écouter son propre désir, dans l'espoir fou d'obtenir enfin une gratification de la mère ou du père. À l'âge adulte, ces sujets passeront leur existence à se contraindre, à ne pas s'autoriser au plaisir et à la bienveillance vis-à-vis d'eux-mêmes, courant après ce visage en papier glacé de la perfection qui ferait d'eux des dieux, les rendrait enfin aimables aux yeux de leurs géniteurs... Cohorte de femmes et d'hommes rigides, s'ingéniant à devenir indispensables, qui ne se pardonnent rien ni ne pardonnent à leur partenaire la moindre faille qu'ils exploitent à l'infini, afin de rehausser la piètre image qu'ils croient lire dans le miroir flou de leurs incertitudes. Hommes et femmes qui n'auront de cesse de tout vouloir contrôler, pour se protéger.

Projeter sur sa progéniture ses propres difficultés non résolues représente une autre atteinte à l'individu en voie de constitution. Ferenczi évoque ce « terrorisme de la souffrance » que subirent les candidats à la perversité narcissique. De nombreux enfants ou adolescents ont dû porter sur leurs épaules les maladies, les dépressions, les angoisses et les souffrances d'un parent ne parvenant à exister que dans la plainte permanente de ses maux réels ou fictifs, au physique comme au mental. L'enfant se voit ainsi dépositaire d'un mal de vivre qui parasite sa propre existence, le leste d'un poids imaginaire qui ralentit ses pas sur le chemin de la construction personnelle. Happé par la souffrance d'un parent, il devient le père ou la mère de ce géniteur qui inverse les fonctions, et vit dans la culpabilité rentrée : tout se passe comme s'il se reprochait inconsciemment d'être le responsable des problèmes de ceux qui l'ont fait naître. Ainsi passe-t-il parfois toute son existence à prendre en charge ces « maladies de l'âme » dirait Julia Kristeva. Il arrive de même que l'adolescent devienne chargé de famille, obligé de protéger à vie ses frères et sœurs que ses parents, trop irresponsables et tourmentés, sont incapables d'élever.

Chez Hervé Bazin encore, la mère abusive fait régner le régime pervers de la terreur, use de stratégies langagières ou d'une « fatigue politique ». Chez François Mauriac[11], elle hurle à Mathilde, la « péronnelle » : « Vous n'aurez jamais mon fils ! Vous ne me le prendrez jamais ! », offrant une terrifiante illustration du « fils jugulé par sa mère ». Une mère exclusive, qui ne sait que « travailler sur la chair vivante », écrit François Mauriac, tiendra sa vie durant contre son sein, de plainte en gémissement, ce fils avec qui elle entretient une relation passionnelle et possessive. Elle mettra inconsciemment tout en œuvre pour qu'il n'aille pas vers l'autonomie affective, seul état qui permettrait une vraie rencontre amoureuse débouchant sur la construction d'un couple vivant. Fernand, le fils de Folcoche, a « attendu sa cinquantième année pour souffrir à cause d'un autre être »[12]. Genitrix, elle, sera plus forte que sa belle-fille, qu'elle conduira à la mort. Confronté à ces situations où la mère crée un état de dépendance affective, l'enfant non sevré ne peut devenir un adulte capable d'aimer. Le chantage à la maladie est l'une de ces stratégies qui mettent le jeune sous emprise, comme s'il s'agissait de l'avoir sous contrôle et de lui interdire toute

11 François Mauriac, *Genitrix*, Paris, LGF/Livre de poche, 2000.
12 Hervé Bazin, *La Mort du petit cheval, op. cit.*

émancipation. Possédée, phagocytée, violée dans son territoire privé, la jeune personne ferme ses portes aux affects, trop abusée par l'éducateur qui a dévoré sa substance vitale. Comment aimer et accueillir l'autre, quand on répare depuis l'enfance les douleurs et les ratages affectifs d'un couple ? Pris entre deux feux, culpabilisé par le partenaire qui règle ses comptes par son intermédiaire, l'enfant manipulé est poussé à choisir entre l'un ou l'autre. Quelle image peut-il avoir du second parent, si le premier le dénigre, le présente comme un être sans qualité ? Ainsi lui sera-t-il difficile d'exister par lui-même et de construire son identité sexuelle, sur ce champ de bataille où il s'agit de prendre parti et de panser les blessures familiales. L'amour sera pour lui l'équivalent d'une lutte à mort, de joutes dans lesquelles il s'agit de ne pas être désarçonné. Le partenaire qui rend la vie de couple invivable ne fait souvent que se défendre, car il n'est pas libre : en lui vit la méfiance, qui a poussé, telle une fleur malade, sur le terreau noir de son enfance.

Les parents doivent rester à leur place de parents. Ils n'ont pas le droit d'empoisonner par des confidences sur leur vie intime. Quand elle apprend que sa mère Clytemnestre a pris pour amant Égisthe et souille la mémoire d'Agamemnon, Électre passe au camp des ennemis de sa mère. Que dire de la génitrice de Pierre qui, dans le roman de Georges Bataille, *Ma Mère*[13], avoue à son fils ses heures de débauche avec son époux qu'elle faisait participer à ses ébats avec des femmes, dans ses moments de « passion désœuvrée » comme elle les appelle ? Cette ancienne victime qu'est le conjoint malade a parfois endossé le statut de confident, voire de psychologue de l'un de ses parents amené à mettre à nu ses problèmes intimes. Il n'y a rien de plus négatif que de projeter sur un adolescent les interrogations sur les problématiques

13 Georges Bataille, *Ma Mère*, Paris, UGE/10-18, 2002.

de la féminité ou de la masculinité. Le rôle d'un parent n'est pas de prendre en otage sa progéniture pour en faire le miroir de ses difficultés ou de ses incertitudes sexuelles, ni d'insinuer que son partenaire n'est pas à la hauteur dans ce domaine, ou que le couple ne s'entend pas. Encore moins d'évoquer ses trahisons ou ses escapades amoureuses. Enfin, une mère qui engage son fils à la conseiller sur ses tenues vestimentaires, ou qui fait de la chambre un lieu de confidences pour l'aider à trouver le sommeil en restant allongée auprès de lui, transgresse la loi de l'inceste, s'inscrit dans l'abus éducatif. De telles attitudes ont des conséquences redoutables sur le développement de la libido de l'adolescent et sur sa capacité d'autonomie. Comment faire confiance à ses propres sens, s'abandonner plus tard au désir, comment croire que le mot « intimité » a un sens, puisqu'il n'en a pas au regard des géniteurs ?

L'attentat à l'intimité

Nous avons vu pourquoi le partenaire à profil pervers narcissique se trouve anesthésié dans ses affects, placé à distance de l'amour et des sentiments. L'enfance meurtrie, c'est aussi une question d'intimité bafouée, souillée, dans l'impunité du huis clos familial où cela poisse, où l'adolescent se voit menacé d'asphyxie, le corps en garde à vue par un œil de « *big brother, mother* ou *father* » qui le déshabille sans en avoir l'air, inspecte le moindre recoin des tiroirs de son intimité. Combien de parents préparent l'anesthésie sensorielle et affective de leurs enfants, ces futurs aspirants à la tyrannie dans le couple, par des gestes et des attitudes inconsidérés qui font écrire, à l'encre sympathique, les lettres du mot « inceste » ? Ces éducateurs attentent, de façon inacceptable, à l'intimité de leurs enfants, sans parfois le savoir ni le vouloir, perpétuant ce qu'ils ont souvent vécu eux-mêmes, dans ces « familles clans » où il est davantage question de possession que d'amour.

La notion d'inceste ne se limite pas au passage à l'acte pur et dur d'un père qui viole sa fille ou d'un fils abusé par sa mère. Œdipe et Jocaste offrent des visages plus ambigus, surgissent de façon latente dans les lieux de vie familiaux. Ils se déclinent de façon subtile, par des attitudes qui réalisent l'abus autrement, l'approchent dangereusement, dans l'impunité de ces maisons familiales où, pense-t-on, il n'y a rien de mal à cela, « puisqu'on est en famille ». L'intimité familiale est l'excuse que la conscience brandit pour laisser l'inconscient agir sans limites et, si l'on peut dire, en toute bonne foi. Ces attitudes abusives de géniteurs innocents aux mains pleines se transmettent de génération en génération. Un parent qui escamote les limites a souvent subi, lui aussi, ces outrages dans sa propre enfance, sans avoir conscience qu'ils étaient des atteintes à sa personne.

— À corps ouvert

Ce non-respect permet d'expliquer les tactiques de défense du partenaire pervers coupé de ses affects et ses sensations, menacé par celui ou celle qui prétend partager ce qui n'appartient qu'à soi et ne peut se donner que si on en a le désir. Si les salles de bains pouvaient parler, que d'histoires édifiantes nous seraient contées... Haut lieu de fantasmes. Rappelons-nous ce père de famille pas si tranquille dans *American Beauty*[14], imaginant dans sa baignoire la copine de sa fille, nue et recouverte de pétales de roses... Ces lieux rose bonbon fleurent bon le parfum de maman ou de papa, et sont témoins de comportements singuliers en forme d'ingérence. Il était une fois un beau miroir qui conservait en son tain des images que le regard aveugle ne

14 *American Beauty*, film américain de Sam Mendes, 1999.

savait pas décoder. Allons voir ce qui se joue de l'autre côté de ce miroir muet, quitte à le faire voler en éclats, sur l'autel de la réalité qui éclabousse, mais libère les consciences.

Ce lieu où se dénudent les corps, où l'on procède aux ablutions, est l'exacte métaphore de l'intimité de chacun et de chacune. Sur la porte destinée à le couper du regard d'autrui, y compris des yeux des adultes (père, mère, sœur, frère, grand-mère ou grand-père), dès l'âge où le corps se métamorphose, affiche insensiblement les marques de la féminité ou de la masculinité, la pancarte « ne pas déranger » est de mise. Du moins ces mots devraient-ils traverser la conscience des parents. Si la fonction d'une porte est d'être « toujours ouverte ou fermée », comme l'a écrit Alfred de Musset, il arrive que les clés disparaissent des serrures, et qu'une main indiscrète ait le geste d'enfreindre la loi. Au risque de déranger ceux qui ne voient pas où est le mal, affirmons que ces intrusions répétées dans la salle de bains au moment des ablutions d'un pré-adolescent ou d'un adolescent, constituent un viol symbolique et participent d'un passage à l'acte incestueux de type latent. Le partenaire aux sensations anesthésiées, souffrant d'impuissance ou de frigidité, a parfois engrangé dans les archives de son inconscient ce type de scènes, en apparence anodines. C'est maman qui entre sous un prétexte ou un autre, c'est papa qui pousse la porte au moment où le miroir renvoie le reflet d'un corps absolument nu. Tout se passe, finalement, comme si l'existence de la sexualité était niée. Si tant est que le regard soit neutre – le simple fait qu'il existe dénote une tendance voyeuriste –, ne pas accorder d'importance au corps dénudé est une façon de considérer que la sexualité et l'intimité n'existent pas : peuvent-elles du coup exister à l'âge adulte ?

De même, le prétexte de la vérification de la propreté « légitime » un grand nombre d'abus. La bonne excuse de l'hygiène ouvre la porte à bien des excès... Vérifier minutieusement que le pré-adolescent s'est bien nettoyé en certaines zones strictement privées, relève d'une autre forme d'attentat à l'intimité. Les parents qui, souvent, reproduisent ce qui leur a été appris, n'ont pas toujours conscience qu'ils avancent sur un fil placé à de dangereuses hauteurs, et que chacun de leurs pas constitue une véritable transgression, une forme d'inceste larvé. L'intimité a ses lois que le clan familial doit respecter, même si la société qui ne sait plus à quelle valeur se vouer, offre pour modèle la permissivité érigée en norme et affiche des corps nus à tous les coins de rue. Là où commence l'intimité de l'individu, les droits de la famille s'arrêtent.

De même, se promener nu devant sa progéniture n'a rien d'innocent et ne fait que créer une dépendance psychique de type clanique dont l'individu et le désir singulier auront bien du mal à se sortir vivants. L'exhibition n'a rien de naturel, quoi qu'en prétendent ceux qui offrent l'argument fallacieux des liens du sang, et ne voient pas que cette innocence aux mains sales entrave le développement de la libido, ou constitue un acte incestueux métaphorique que la conscience ne lit pas comme tel. La victime qui n'imagine pas l'avoir été sera condamnée, devenue adulte, à rejouer le même scénario, à brouiller les repères, à transgresser les limites, à pratiquer l'ingérence, à se défendre contre la sexualité. Voilà comment peut s'expliquer que le partenaire à profil pervers narcissique soit anesthésié sur le plan des sens et interdit d'amour : l'autre représente toujours ce danger qui menace son intimité profonde, et le deuil du lien trop fort au père, à la mère, parfois à la sœur ou au frère qui n'auront pas occupé la juste place, ne se fera pas. Combien d'Antigone accrochées à l'image d'Œdipe le père ou d'Hippolyte le frère, combien d'Isis attachées à leur frère Osiris, de Zeus unis à la sœur Déméter, de Cléopâtre engagées à leur frère Ptolémée se voient condamnés à dépendre d'un lien incestueux latent qui leur interdit toute relation amoureuse ?

— En famille

La pratique des plaisanteries à connotation sexuelle, devant de jeunes enfants ou adolescents, et des « jeux interdits », dans la prétendue bonne humeur familiale, est un autre visage de ces attentats au territoire privé. Elle participe aussi à la création de cette dépendance psychique de type clanique que la mythologie décline dans les maisons d'Atrée, de Thèbes ou d'ailleurs… Néron met du temps à assassiner sa mère, Agrippine, accrochée au pouvoir par procuration, qui l'a placé sur le trône pour jouir d'une puissance dont elle rêve pour elle. Heureusement, Poppée passe par là, mais la nouvelle épousée fera aussi les frais de la violence du fils dont le passé affectif ne veut pas mourir…

Ces actes aux apparences trompeuses déclinent, encore et encore, un inceste familial ressemblant à cette hydre qui n'en a jamais fini de faire resurgir ses têtes hideuses. Rien d'anodin dans ces réunions familiales où le « banquet » crée, à coups d'histoires drôles mettant le sexe en vedette avec des mots crus ou graveleux, une atmosphère d'excitation érotique diffuse. Rien de bon enfant, dans ces évocations très spéciales entre deux verres à la santé de Bacchus, au milieu de ripailles gargantuesques, au nez et à la barbe naissante de l'adolescent dépossédé, le temps de sa transformation, de sa carapace. Encore une fois, c'est nier l'existence de la sexualité, ou la vivre en toute « innocence assassine », dans la partouze symbolique à laquelle les jeunes sont conviés sans avoir la possibilité de refuser l'invitation.

De la même façon, les « jeux de mains, jeux de vilains » et autres apparences lisses de la joie de vivre en exercice dans les antres familiaux sulfureux n'ont rien d'innocent. Quoi qu'en pensent les parents qui perpétuent ce qu'ils ont vécu, qui les mena à dépendre psychiquement d'une figure maternelle fellinienne ou de l'ombre d'un Dom Giovanni, d'un fantôme shakespearien... Autant de vies de couples menacées, détruites par ces victimes de l'ingérence condamnées à rester fidèles à ces « premières amours » de l'enfance. Il faut affirmer qu'à la préadolescence et au-delà, les chahuts et courses effrénées durant lesquels on s'effleure, on se pince, on s'attrape avec une violence « pour de rire », représentent autant de sources d'excitation libidinale entre père et fille, frère et sœur, mère et fils. Ce sont autant de jeux à connotation érotique qui n'ont pas lieu d'être. Ces divertissements dangereux sont une violence morale au moyen de laquelle certains règlent leurs propres frustrations de couples et d'individus ayant subi les mêmes outrages.

— Un droit de regard

Ces transgressions se réalisent parfois par personnes interposées – grands-parents, oncles ou tantes, amis de la famille bien intentionnés – tant l'inceste latent a l'esprit large et existe de façon un peu particulière, dans ces nouvelles familles que notre siècle invente. Dans les familles monoparentales, la tentation est forte de transférer sur l'enfant élevé seul des frustrations personnelles et des pulsions passionnelles. Les abus éducatifs peuvent s'exercer sans témoins dans le strict cadre de ce couple à haut risque que forment l'enfant et sa mère ou, plus rarement, son père. Qui viendra empêcher la fusion, la projection, dans ce climat délétère où l'enfant peut se trouver asphyxié, si l'éducateur manque de recul et offre une santé psychique des plus incertaines ? Le risque d'inceste métaphorique est aussi présent dans ces familles recomposées où la figure du père fonctionnel remplace celle du géniteur, où les enfants des uns sont jetés dans la salle de bains avec les enfants des autres, si les adultes impliqués ont été eux-mêmes victimes d'abus latents.

Si le sujet de la sexualité ne doit pas être tabou, il est bon de ne pas vouloir jouer la carte de la transparence. Sous cette apparente bienveillance qui consiste à établir une connivence avec l'adolescent, il est encore question d'abus : dans l'intimité, seul le partenaire choisi peut avoir sa place. Celle des éducateurs se situe ailleurs. Combien de conjoints à tendance perverse narcissique ont souffert de ces pères ou de ces mères qui n'avaient aucune limite et se mêlaient de la vie sexuelle de leur progéniture de manière obsessionnelle, en prodiguant des conseils, à force d'insinuations sur les dangers d'une sexualité sans protection ou sur la signification de la virginité… C'est Amanda, la mère abusive de *La Ménagerie de verre*[15], qui pousse son fils Tom, remplaçant malgré lui de l'époux absent, à trouver un mari pour sa sœur dont elle oriente les choix affectifs et sexuels sans l'ombre d'un scrupule : « Invite-le… pour ta sœur ! » Autant d'ingérences, de violences morales habillées des oripeaux d'une innocence et d'une sollicitude feintes : « […] Sa puissance, elle la tirait précisément de son rôle de mère de famille, chargée par Dieu et la société de nous élever selon les grands P des principes et bénéficiant, aux yeux du monde, du préjugé favorable accordé à toutes les mères », déclare Brasse-Bouillon à propos de la terrible Folcoche. Être investis d'une autorité éducative pousse aux abus certains éducateurs sans scrupules ou sans conscience : la société les a chargés de mission, qui donc irait penser à mal… Devenu adulte, le sujet reproduira ce qu'il a appris, l'absence de limites.

15 *Op. cit.*

La mère exclusive des *Enfants terribles*[16] illustre remarquablement ce fonctionnement pervers, ce thème du viol de l'intimité d'un fils qui avoue ses premières inclinations. Tout se passe comme si Yvonne, la génitrice passionnelle qui ne sait pas rester à sa place de mère, se sentait trompée par ce fils qui échappe à son emprise. Elle emploie alors tous les moyens pour châtier celui qui s'émancipe. Lorsque Michel déclare être « heureux », cette mère qu'il a toujours considérée comme « un camarade » (!) commence par le culpabiliser, en lui faisant entendre qu'il lui est redevable. Elle l'aurait, dit-elle, « porté, fait, dorloté, soigné, élevé, aimé jusqu'à l'absurde ». Puis elle en vient à falsifier la réalité, avec une mauvaise foi alimentée par ses frustrations personnelles. La jeune fille dont son fils est amoureux devient, dans sa bouche, « une vieille femme à cheveux jaunes ». Michel a beau se défendre et tenter de placer sa mère face au « principe de réalité », pour reprendre le mot de Freud, il ne parvient pas à casser l'engrenage de son délire verbal. Alors elle fait appel à son corps, qu'elle met en scène, pour distiller l'angoisse. Elle le menace de son « doigt tendu », précisant les indications scéniques. Elle lui fait du chantage en évoquant la maladie mentale qui la guette – « Je deviens folle » – tout en accompagnant ses mots de ses mains qu'elle plaque contre sa « figure »... Mieux encore, elle laisse entendre qu'elle est « couchée depuis hier soir comme un cadavre ».

Le viol de l'intimité du fils est poussé plus avant. Elle use de termes qui déprécient la sexualité, juge l'histoire de son fils « dégoûtante » au point d'évoquer le sentiment de « honte » qu'elle suscite. Elle transforme la réalité, en niant les sentiments que Michel porte à son élue : « Si tu aimais une jeune fille ! » Le seuil de l'intolérable est atteint quand elle l'accuse d'avoir menti

16 Jean Cocteau, *Les Enfants terribles*, Paris, Grasset, 2002.

pendant trois mois, le silence de son fils sur sa vie privée étant appréhendé comme un crime de lèse-majesté. La mère dévoreuse n'est pas à un paradoxe près ! Elle en arrive à déclarer à son fils qu'elle prendra des « dispositions », « avec son père », puis a recours, dans l'impuissance de son désespoir, à l'insulte : « Pauvre petit imbécile ! […] Ordure ! ordure ! ordure ! » Sa perversité va jusqu'à déformer les faits, devant Georges, le père, qui apparaît : « Il m'a insultée. Il m'a frappée. » Comment ce fils, victime d'un tel attentat à son intimité affective, pourra-t-il vivre de façon positive sa sexualité et s'engager dans une vie affective ? Les victimes des sujets à profil pervers narcissique pourraient lire ou relire Jean Cocteau, pour comprendre combien ce partenaire qui les tourmente a été bien souvent lui-même tourmenté…

Enfance meurtrie, espace privé non respecté, agressions et viols symboliques aux multiples facettes, passages à l'acte effectifs : autant d'éléments qui font sortir le partenaire pervers de son diabolique mystère. S'il est enclin à détruire, c'est qu'il se défend, se protège, recouvre ses souffrances originelles d'une couche d'oublis qui le met à l'abri pour toujours. Ces raisons anciennes que la conscience ne connaît guère, si elles n'excusent rien, permettent d'expliquer pourquoi, dans le couple, ce lieu d'intimité qui se fait miroir, la victime d'une ancienne victime a juré de ne plus jamais l'être.

L'enfant **du pervers**

Une famille formidable

Toute la difficulté de vivre pour l'enfant confronté au pervers narcissique réside dans un paradoxe : sa souffrance est d'autant plus gigantesque que tous les signes extérieurs de son développement, ainsi que ceux relatifs à son milieu familial, non seulement ne laissent transparaître aucune faille, aucune souffrance, mais renverraient même l'image d'une famille quasi parfaite, dans laquelle l'enfant se développe et grandit dans l'harmonie, sans jamais poser de problème.

Par conséquent, cet enfant n'a aucun moyen direct de crier son malaise, aucune accroche possible dans cette illusion d'harmonie et cette réalité factice, aucune place pour une quelconque révolte : le piège est bien ficelé, l'image renvoyée est lisse, socialement correcte. C'est un peu comme avoir un revolver braqué dans le dos et être obligé de faire bonne figure pour ne pas que celui qui le pointe tire. Ne surtout pas attirer l'attention sur la face cachée de la réalité.

Seul au monde

« Le sentiment dominant, de loin, chez cet enfant est celui d'un isolement profond et d'une immense solitude », précise Catherine Salobir, psychologue clinicienne. D'abord parce qu'il n'existe entre son parent pervers narcissique et lui aucune transmission, quelle qu'elle soit. Rien ne lui est dit, rien ne lui est jamais raconté. Il prendra conscience, au fil des années, qu'il y a des trous dans son histoire, parce qu'il n'y a jamais eu de véritable récit à ce sujet. Les bribes d'information que l'enfant finira par obtenir ne seront que celles qu'il aura pu glaner de-ci de-là, au fil des conversations dont il aura été témoin avec certains proches de sa famille, ou de recoupements que lui seul sera parvenu à établir. Le pervers narcissique ne se dévoile pas. Il ne livre rien. Ainsi, tant sur le plan de son histoire personnelle, que sur celui des connaissances générales, l'enfant comprend très tôt qu'il doit tout découvrir et apprendre par lui-même. Il sait qu'il devra grandir seul, ce qu'il aura beaucoup de mal à pardonner.

L'enfant a par conséquent du mal à se situer dans son histoire, à trouver sa place, comme si le lien de la filiation n'existait finalement que sur les registres d'état civil. Il éprouve même beaucoup de difficultés à prononcer le mot « papa » ou « maman » ; il se fait expert dans le maniement de la périphrase afin d'éviter un mot qui fait si mal, qui représente tout ce qu'il n'a pas et qu'il n'aura probablement jamais. C'est là encore un paradoxe : son parent est bien vivant, mais en réalité, l'enfant se sent orphelin, à ceci près qu'il n'a aucune chance d'être adopté, ce à quoi il pense d'ailleurs parfois car cela signifierait enfin avoir un parent, c'est-à-dire quelqu'un qui sait que l'essentiel est dans le don et l'échange, quelqu'un qui sait vivre.

Le pervers narcissique vit avec son enfant, mais séparément ; ils ne partagent rien. Sécheresse absolue. Un gouffre infini les sépare. Vivant mais mort (peut-être de n'être jamais né), le parent ne sait pas ouvrir les portes de son cœur, symboliquement tenir chaud et envelopper. C'est un langage qu'il ignore complètement et dont il ne veut rien entendre, préférant se réfugier dans une intellectualisation quasi systématique des événements de la vie, qui lui permet habilement, car il s'agit généralement d'un être brillant, de ne pas aborder les sujets sensibles tout en jouissant d'un pouvoir de fascination sur son entourage, qui se laisse, hélas, enivrer par sa logorrhée intellectuelle.

De cette mascarade, l'enfant est témoin, mais il a appris à dissimuler sa nausée et son chagrin. Sa plaie est à l'intérieur, comme sa solitude. Que son parent soit donc rassuré, pour l'heure tout semble – désespérément – normal.

L'enfant a le sentiment parfois d'être davantage un objet de décor posé là, au milieu de ce terrible théâtre, sans que l'on veuille voir qu'à l'intérieur de lui vibre une grande sensibilité et bouillonnent des émotions. À la célèbre question : « Objets inanimés, avez-vous donc une âme ? », cet enfant-là s'empresserait de répondre : « Oui ! »

Le pervers narcissique ne présente son enfant aux autres qu'à travers son propre narcissisme, ce qui le valorise aussi. De fait, l'extérieur ne perçoit cet enfant qu'à travers la description qu'il lui en fait, et le méconnaît. Une fois encore, nous sommes dans le domaine de l'image, de l'apparence. L'enfant expérimente la solitude qu'il y a à ne pas être reconnu et compris, à peaufiner l'image du foyer parfait, comme un accessoire dernier cri qu'il est de bon ton d'afficher.

Il arrive néanmoins que certaines personnes proches de l'entourage familial parviennent à saisir quelque chose de cet enfant : capables d'une réelle écoute et de se faire leur propre idée sur lui, sans être influencés par le discours ambiant, ils établissent avec lui une relation sincère et vraie, simplement parce qu'ils le regardent.

Cette situation nouvelle procure à l'enfant un profond bien-être, même si, dans le même temps, cela ne fait qu'intensifier sa souffrance de réaliser que ses proches sont incapables de saisir au quotidien ce que d'autres, plus éloignés et plus anonymes, ont su percevoir.

Un dernier aspect du sentiment d'isolement est directement lié à l'autre parent, le conjoint sur lequel le pervers narcissique exerce une emprise considérable, pris dans une relation de soumission, avalé par celui qui organise et centre chaque instant de la vie autour de lui, devant abandonner presque totalement son rôle de parent pour se dévouer exclusivement à celui d'époux ou d'épouse. L'enfant est doublement orphelin de ses parents : il réalise l'impensable, il lui faut faire son deuil et surmonter l'anachronisme qu'il y a à vivre avec ceux qu'il a déjà enterrés.

– Qui suis-je ?

L'affirmation de soi est également très délicate pour l'enfant : n'ayant pas de place réelle, il a beaucoup de mal à se manifester autrement qu'à travers ce qu'il a compris de ce qu'il devait être. Il ne réclame jamais grand-chose, n'est quasiment jamais demandeur. Il sait qu'il doit se glisser dans le costume tristement étroit qu'on a confectionné pour lui, sinon il deviendra un étranger. Il n'y a pas d'espace pour la contestation, la révolte, qui serait immédiatement étouffée et violemment réprimée. L'enfant perçoit très tôt, dans ce simulacre d'équilibre, l'intolérance de son parent à toute forme de différence, à tout ce qui ne lui ressemble pas. La singularité est taboue.

La discrète mais réelle dictature ambiante ne laisse évidemment pas de place à la discussion, à l'échange, puisque rien ne doit risquer de menacer l'ordre établi et le sentiment de toute-puissance que le pervers narcissique défend envers et contre tout.

L'enfant sait que c'est ailleurs qu'il pourra vivre libre, qu'il doit pour l'instant se taire s'il ne veut pas être rejeté ou risquer de confronter son parent à son propre néant. Il ne s'oppose pas de front au pervers narcissique, il se réfugie souvent dans le silence, ce qui lui vaut alors d'être défini comme un enfant sage et bien élevé, un enfant modèle qui vient redorer bien malgré lui le blason du narcissisme parental qui, incapable de la moindre empathie, à aucun moment ne réalise l'artificiel de cette attitude.

Ce silence imposé verrouille chez l'enfant toute verbalisation des sentiments et des affects. La parole avec le pervers narcissique ne s'articule qu'autour de discussions où les émotions ne transparaissent jamais parce qu'elles sont dangereuses pour lui, risqueraient de l'affaiblir, de le rendre vulnérable et de lui faire perdre de son pouvoir. Son discours, souvent empreint d'une culture à vertu protectrice, est toujours sérieux ; sa parole doit occuper tout l'espace, tant celui des autres que celui de leurs émotions. Ici, on ne rit pas, on est grave. Ici, on ne s'épanche pas, on raisonne. Ici, on ne vit pas, on est mort.

Une île au milieu des gens

Le fardeau que supporte l'enfant du pervers narcissique a un impact sur ses relations avec le monde extérieur. Durant sa scolarité notamment, c'est un enfant qui saisit vite que l'échec serait très malvenu. Ceci n'est évidemment pas verbalisé clairement, mais véhiculé en filigranes, dans les pseudo-communications qui s'établissent occasionnellement avec le parent. Il se présente donc comme un enfant studieux, attentif, qui rapporte le plus souvent les bons résultats tellement attendus. Une faible note ou un comportement dissipé sont des luxes qu'il n'a pas les moyens de s'offrir. Toutefois, contre toute attente, ce carcan d'exigence permettra peut-être à l'enfant de tirer, pour lui-même cette fois, une grande satisfaction : la reconnaissance de certains de ses professeurs, reconnaissance qui prend toute sa valeur et tout son sens parce qu'elle est authentique – ce n'est pas pour sa propre image que son professeur est satisfait, mais pour son élève.

C'est pourquoi les années d'études sont quelquefois particulièrement investies : il y fait l'expérience d'une singularité qui peut être valorisée et d'une identité qui peut être reconnue. Un véritable lien d'attachement peut même se créer avec un professeur, et jalonner ces années : cet échange dépassera même peut-être le cadre des études.

Sur le plan relationnel, l'enfant dans sa famille témoigne d'une raideur forte vis-à-vis du contact physique. Les rares étreintes avec le parent ne sont pas chaleureuses, comme si l'enfant se préservait, de manière inconsciente, d'une dangereuse contamination. Au quotidien, ce contact physique se réduit donc au strict minimum, comme s'il fallait mettre le plus de distance possible entre la vie et la mort.

Sur le plan social, il ne lui sera pas non plus d'emblée facile de nouer des contacts avec les autres. D'avoir vécu auprès d'un parent intolérant à toute différence, systématiquement dans le jugement et préoccupé par l'apparence lui aura rendu difficiles toute spontanéité et toute intégration dans un groupe : du temps lui sera nécessaire.

L'enfant du pervers narcissique, qui a appris à survivre à la tragédie des faux-semblants, a toujours eu en lui la connaissance intuitive et très précoce qu'il échapperait au piège de son parent et qu'il trouverait, dehors, la terre qu'il devait conquérir pour vivre libre. Plus âgé, il sait qu'il est un rescapé, qu'il est passé à côté de ce qui aurait pu l'enterrer vivant, le rendre taciturne.

C'est pourquoi il a la rage de vivre chevillée à l'âme, la rage d'exister, de dire, de se dire et surtout de partager, de transmettre. Dans ce duel ultra sophistiqué, le pervers narcissique n'est pas parvenu à mettre la voix de son enfant en échec, ni sa richesse ni sa chaleur. L'immense solitude dans laquelle il l'aura fait vivre pendant des années aura fait naître un sentiment de force et d'indépendance ; il a grandi seul, a appris seul, est devenu fort et avide de liberté, lui qui a connu la prison. Il saura jouir de la vie d'une manière qui déplaira certainement à son parent, confronté à son propre vide et à son affligeante inconsistance. Tel est le destin d'un enfant parvenu à faire de sa souffrance l'œuvre d'art de sa vie.

Cependant, les enfants n'ont pas tous, face au drame de la perversion narcissique, ce potentiel de lutte et de survie. Pour la majorité d'entre eux, certains symptômes empreints de souffrance s'expriment très tôt : agressivité, terreurs nocturnes, troubles alimentaires, psychosomatiques, allergies... Toutes ces manifestations expriment une soif d'être aimé, regardé et entendu. Tyrannique, coléreux, agressif... non il n'est pas caractériel mais en révolte. Dans la constellation familiale du pervers narcissique, on constate que l'un des enfants est très tôt désigné comme l'héritier du parent pervers. C'est celui qui, généralement, est le préféré de ce dernier, comme s'il avait reconnu d'emblée celui qui serait digne de lui succéder. Alors peu à peu, une toile d'araignée perverse se tisse. Que peut faire le parent « victime » face à cette situation ? Souvent impuissant dans un premier temps, il lui faut, pour aider l'enfant, quitter son statut de victime en s'affirmant, car cette position est vécue par l'enfant comme une preuve de faiblesse qui l'obligerait à devenir un protecteur hyper mature. Tant que le parent victime ne jette pas aux oubliettes son costume de Cosette, l'enfant peut s'identifier à celui qui semble être le plus fort, c'est-à-dire le parent pervers.

Au fil des années, il apprend à verrouiller ses affects, à se créer une carapace et à vivre de temps en temps comme un héros ou un prince dans un monde de rêves et d'illusions.

※

-❷-

LE HARCÈLEMENT **DANS LE COUPLE**

Discours et pouvoirs des **abus langagiers**

La guerre des langues

Que subissent au quotidien ceux qui sont dominés par un partenaire à profil pervers narcissique ? On l'aura compris, ce dernier, prisonnier de son passé, a pour obsession de se défendre contre toute menace extérieure, dans la mesure où il a subi nombre de blessures dans l'enfance. C'est, bien sûr, dans le couple, cet espace clos qui se fait miroir des difficultés personnelles, que se pose de manière aiguë la question de l'intimité. Elle fait caisse de résonance. Comment accepter l'idée d'avoir à partager avec quelqu'un ce qui a été bafoué dans l'enfance ? Comment ne pas s'en défendre, tous mots et griffes dehors, et mettre à feu et à sang l'alcôve où les âmes se dévêtent, où les corps se donnent, à l'instar du personnage joué par Elisabeth Taylor dans *Une Chatte sur un toit brûlant*[17] ? Le pervers à qui la vie de couple sied

17 Tennessee Williams, *Une Chatte sur un toit brûlant*, Paris, Avant-Scène théâtre, 2000.

tellement mal, tue l'autre, parfois juste avec les mots, comme dans *Un Tramway nommé désir* où le tramway roule « à tombeau ouvert », à la manière de Tennessee Williams[18]...

Se défendre, c'est faire pression sur l'autre, cette menace, et le mettre à distance, le manipuler pour se protéger. Soit. On comprend que l'arme qui s'y prête est celle de la parole, que le conjoint à l'identité fragile utilise pour faire la guerre, mettre le feu aux poudres, puisqu'il n'a appris, dans l'enfance, à envisager les rapports humains que sous cet angle. « Si tu veux la paix, prépare la guerre ! », lui dicte son inconscient. Quand il s'en va en guerre, c'est avec les mots dont il fait, selon le besoin, des armes blanches, des pistolets ou des fusils, des bombes à retardement. Sur le champ de bataille de l'amour en vrac, tous les coups verbaux sont permis, coups portés au cœur compris pour, surtout, ne pas courir le risque d'être envahi, comme on l'a été dans l'enfance. Se réfugier derrière le discours est un moyen radical pour placer entre soi et le partenaire – jamais perçu comme tel, mais comme un ennemi –, un écran qui empêchera tout véritable échange, tant la peur est l'émotion qui domine la personnalité du « terroriste » du couple.

Comme le sujet n'a aucune conscience du bien et du mal, dans la mesure où ceux-là « adviennent selon qu'ils font le fruit de l'amour et de la haine », dit le psychanalyste Saussure[19], il ne respecte ni son partenaire amoureux ni la langue. Les mots sont utilisés pour faire mouche, et il n'est pas à un détournement de sens près. « Les mensonges, la déformation des mots à son avantage, cela ne la dérange aucunement, car elle a oublié d'être stupide », déclare un patient en séance. Il n'est pas question d'accorder foi, légitimité ni adhésion apparente aux dires

18 Tennessee Williams, *Un Tramway nommé désir*, Paris, UGE/10-18, 1994.

19 Raymond de Saussure, *Naissance du psychanalyste*, Paris, Les Empêcheurs de penser en rond, 1997

du partenaire. Le faire douter de ce qu'il pense, de ce qu'il dit, de ce qu'il croit, en toute absence de scrupules et avec la mauvaise foi la plus éhontée, là est le but vers lequel la volonté est tendue. La morale n'est ni l'affaire ni la priorité du conjoint qui exerce une violence psychologique dans l'espace du couple.

Ainsi ne s'agit-il pas d'échanger, mais de faire de la langue un pouvoir stratégique. Le pouvoir des mots, il l'exhibe comme une « vipère au poing », avec un aplomb que le corps, rigide et campé comme celui d'un samouraï, sert pour en imposer à l'autre. Réduire au silence, projeter, accuser, rendre autrui responsable de ses propres manquements en le culpabilisant, en procédant par intimidation. « Au vu de son état, je lui demandai d'aller consulter... », déclare une patiente, avant d'ajouter que son conjoint lui rétorqua que c'était elle qui était vraiment une pauvre fille malade, qu'on se moquerait d'elle, qu'elle disait vraiment n'importe quoi, qu'elle était vraiment folle... Autant d'objectifs que sert un dispositif langagier que le sujet sait exploiter à l'infini. Art de la rhétorique, inventaire des figures de style avec une préférence pour la litote – « Va, je ne te hais point » –, mais aussi pour l'antiphrase – « Tu es vraiment en pleine forme », déclare un époux à sa femme au visage défait de fatigue – ou l'hyperbole – « Tu es monstrueuse de bêtise ! Tu ne comprends rien à rien, tu es vraiment nulle ! » –, voilà ses armes favorites en matière d'exercice : ironie, sens des mots malmené et violé à la hussarde. Les mots et les tours de phrase doivent être utiles, efficaces, frapper au cœur vite et bien, pour pouvoir s'échapper, tourner le dos à la vérité – mot exécré –, se dédouaner. Communiquer, et non pas échanger. Exploiter les possibilités de la langue pour les retourner contre l'autre. Le partenaire pervers narcissique est un opportuniste du langage, une langue de vipère qui s'offre comme une « planche pourrie » à l'amoureux qui voudra bien y poser un pied.

L'insinuation et l'allusion sont des armes auxquelles le sujet a recours pour manipuler son conjoint, le rendre coupable, semer le doute dans la conscience de celui qui lui est « attaché » pour le meilleur et pour le pire. Insinuer que l'autre est malade des nerfs, ne va pas bien mentalement, possède un physique ingrat, c'est laisser entendre, tout en n'affirmant rien, c'est ouvrir la porte à toutes les interrogations. Suggérer, puis passer à autre chose en quelques secondes… « Si je n'affirme pas davantage, c'est que je crois l'insinuation plus efficace », disait André Gide. Avancer sur la pointe des pieds, laisser planer dans l'air quelques mots, puis se retirer, lâchement, pour mieux mettre sous emprise le partenaire, qui n'est pas aussi libre, psychiquement parlant.

S'il s'agit de déstabiliser pour tendre à l'intimidation, la technique verbale qui consiste à sauter du coq à l'âne fait partie des armes blanches que le pervers fait briller sous les éclairages des alcôves privées. L'esprit de contradiction caractérise aussi celui qui cherche à assujettir ; dire tout et son contraire ne lui fait pas peur, puisqu'il s'agit d'en imposer par le verbe pour se défendre. Aussi a-t-il le sens de la douche écossaise dont les effets sont garantis : « Tu es mon tendre *monstre*… Pourquoi es-tu fagotée ainsi ? Tes hanches sont pourtant si jolies », déclare un conjoint à une patiente rapportant ces propos en consultation. Comment mieux créer la dépendance affective, sinon en mettant en pratique la double injonction : « Viens ici fous le camp ! » Technique éducative qui a construit les névroses de plus d'un enfant, et à laquelle l'adulte amoureux peut ne pas résister… En matière de pratique de l'oxymore – « Mon tendre imbécile ! Tu es si beau, mais qu'est-ce que tu es naïf ! » –, le sujet qui cherche à détruire le lien amoureux en déstabilisant sa « moitié de haine » n'a pas son pareil. Quand ces stratégies langagières sont répétées au quotidien, vient le moment où l'on ne sait plus « à quel saint se vouer ».

Changer de conversation, feindre de ne pas entendre, autant de moyens auxquels le locuteur maître ès perversité langagière a recours, en cas de besoin. Ce pragmatique puise dans sa besace de mots, de tours de rhétorique et de figures de style, ce dont il a besoin au moment opportun. Puis, tel un magicien, il range les instruments de l'illusion dans les cases de sa mémoire, pour un prochain spectacle, quand il s'agira pour lui de vérifier qu'il a toujours autant de succès dans l'art de berner. Nous expliquerons plus loin pourquoi les personnes subissant l'ascendant de ce partenaire vivent leur couple dans la souffrance mais aussi dans la fascination.

Ce prestidigitateur a plus d'un tour dans son sac en matière de stratagèmes langagiers. Parfois ses messages dédaignent les mots, passent par le silence ou par le corps, pour affirmer son pouvoir. La langue regagne les vestiaires, et les mimiques, le regard, le corps tout entier entrent en scène. Le partenaire pervers qui veut faire mouche sait que la mise en scène théâtrale a des vertus cathartiques, à la différence que, dans le couple, c'est lui qui se libère des mauvaises passions qui l'agitent, et non le partenaire, qu'au contraire il enchaîne. Inflexions de voix qui visitent la gamme des émotions, de la colère à la douceur en trompe-l'œil d'une fausse sollicitude, « pistolétade », regard dur ou hypocrite qui parle à la place des mots, à la façon de Folcoche à la table familiale, yeux qui fixent longuement comme le feraient les pupilles jaunes du Père Grandet couvant une colère jalouse contre sa fille, autant de tactiques économes qui font mouche, infaillibles... Regard lunaire, confronté à son propre vide, qui traverse l'autre sans voir, yeux de méduse frustrée de sensations qui tuent le partenaire trop vivant, autant de tactiques qui se passent des mots et se mettent au service de la destruction de l'autre, de ses désirs, et de tout lien qui construirait le couple, cet enfer où le pervers est menacé d'asphyxie.

Affirmer envers et contre tout

Pour asseoir un pouvoir qui restaure la mauvaise image inconsciente qu'il a de lui-même, ce type de partenaire a au moins besoin de donner l'impression qu'il domine son conjoint. Son objectif n'est pas de dialoguer, mais de casser le désir d'expression, de rabaisser ; de se débarrasser comme d'un vêtement sale de ce sentiment d'infériorité rentré, en le projetant sur sa compagne/son compagnon avec qui il ne peut entretenir qu'une relation de haine, commandée par sa peur d'autrui. Il cultive pour son conjoint un vrai mépris, qui lui permet de se bricoler une image plus séduisante de lui-même, mépris qui consiste, dans le pseudo dialogue du couple, à ne faire qu'affirmer.

Quelle que soit la véracité de ses dires, l'important, c'est de marteler des convictions qui n'en sont pas forcément, mais sur lesquelles il s'arc-boutera pour faire pression ou écraser. Au fond, il n'est guère fidèle aux fragments de pensée qui le traversent et qu'il utilise en fonction des besoins ou du contexte. L'important n'est ni de penser juste, ni d'approfondir, ni de demeurer fidèle sur le long terme à ses dires, mais de convaincre qu'il détient la vérité. Dans ce qui tient plus du *one-man-show* que de la conversation, le faire-semblant est de mise, le mensonge, la falsification des événements et la mauvaise foi argumentaire font la loi ; l'objectivité et la nuance, elles, ne sont pas du spectacle. Ce dictateur du langage n'est qu'un faiseur de belles promesses qui poursuit son objectif : avoir raison envers et contre tout, quitte à avoir oublié, quelques jours plus tard, à la même table et devant le même conjoint, les mots prononcés. C'est l'occasion qui fait le larron. L'opportunisme dicte l'affirmation du jour. L'hypocrisie est le moyen pour celui qui veut la fin. C'est Dom Juan qui explique en toute impudence sa pseudo-conversion religieuse pour éviter un discours moralisateur.

Il est donc question de se donner en spectac[illegible] dien du couple, cet exercice n'ayant d'autre but qu[illegible] rer en tuant la différence de l'autre, interdit de penser [illegible] de penser par lui-même. Aussi le pervers narcissique s[illegible] sa mise en scène, car peu importe, en fait, ce que véhi[illegible] les mots, l'important est l'emballage, le carton et la ficelle. [illegible] mots sont prononcés avec aplomb et morgue. Tonitruantes, le[illegible] paroles jouent avec l'intonation en fonction des circonstances : le ton se fait péremptoire ou caressant, grave pour dire des banalités, gai pour annoncer des catastrophes... Créant l'effet de surprise, l'orateur se mobilise, en tout cas, pour réduire à néant les pauvres convictions – jugées comme telles – du conjoint qui se risque, entre deux rafales verbales, à glisser que, peut-être, on peut voir les choses autrement... La voix fait aussi son cinéma, a des inclinations pour les aigus, parce qu'il faut coûte que coûte se faire remarquer, elle est électrique, sur le fil, se perche à des hauteurs qui heurtent les tympans. Rocailleuse, stridente ou métallique, elle sait être très désagréable pour marteler en permanence : « Pousse-toi de là que je m'y mette, affirmer est mon credo. »

Affirmer pour rabaisser passe aussi par l'utilisation d'un jargon qui assure une forme de domination vis-à-vis du partenaire qu'il s'agit de confondre. Le recours à des termes savants, techniques ou théoriques, fait marquer des points en s'inventant une pseudo-supériorité intellectuelle destinée à écraser l'interlocuteur. Autre façon d'affirmer pour s'imposer – ou, plus exactement, pour exister –, le langage du corps qui accompagne le terrorisme langagier n'a peur de rien, est prêt à toutes les trivialités pour choquer et s'engouffrer dans l'espace de silence que le partenaire déstabilisé offre pour réponse, creuser toujours plus profond la faille, la fragilité identifiée, et renforcer le doute.

…est aussi ne pas avoir le sens des
…affirmation qui s'entête, signe et
…nces qui déclenchent la panique.
…rènes se déclenchent dans la tête
…s. Si marteler ses convictions ne
…force, à la violence déclarée des
…er. De l'affirmation qui n'en dé-
… franchi, procédé qui confirme
… qui s'érige en petit dictateur du
…nsulte n'a pas le sens des interdits, elle frappe aussi bien le partenaire, qu'il s'agit d'humilier dans un langage fleuri à connotation sexuelle, que les proches, les amis et les enfants qu'elle roule dans la fange de la langue verte. Il est, en effet, facile d'utiliser les figures familiales ou aimées pour blesser par personne interposée, écraser le conjoint, le faire souffrir pour en tirer une petite jouissance de faible qui s'ignore.

Le savoir pour intimidation

Du côté des certitudes souvent assénées dans le plus grand mépris de l'authenticité des faits ou des informations, le partenaire à tendance perverse narcissique se meut à l'aise, dans un couple où le conjoint est réduit à un objet déplacé ici ou là, en fonction du bon plaisir ou de la nécessité du moment. La visée d'un tel individu est de mettre à distance tout ce qui menace peu ou prou son intimité, souvent abîmée dans l'enfance – mettre à distance en manipulant pour imposer sa loi, dominer, du moins en donner l'impression, coûte que coûte…

Aussi ne s'étonnera-t-on pas que le savoir, du moins prétendu tel, soit une arme qui s'ajoute à la panoplie de celles que la langue et les langages du corps lui fournissent pour se séparer de l'autre comme un beau diable, pour ne pas se risquer à s'impliquer en amour, même s'il s'est apparemment engagé à vivre en couple, marié ou pacsé. En fait, ce qui explique cette attitude de penseur ou de théoricien qui a des réponses à tout et son contraire, c'est le mépris qu'il a pour un partenaire qu'il ne fait qu'instrumentaliser, que réduire à la fonction de miroir où il se cherche, où il est en quête d'une image un peu valorisante de lui-même.

L'entourage immédiat, les amis, sont souvent admiratifs de ce « beau parleur », comme le nomme une patiente, souvent brillant et cultivé, qui en impose dans les dîners en ville où il excelle à développer ses vues sur les questions politiques et artistiques du moment, devant le parterre qui l'écoute, déjà convaincu. Séduire avec le savoir pour offrir une belle image de soi est une technique à laquelle il est rompu, car il en a le savoir-faire, quitte à recourir à l'approximation, l'imposture même : l'inexactitude ne l'effraie pas. Son souci est seulement de briller, de donner le change. Ce « précieux ridicule » ou cette « femme savante », qui déposent des pages d'anthologie sur les bergères à la mode ou dans les cafés ou salons littéraires du nouveau siècle, n'ont pas le sens des limites, engagés qu'ils sont à vérifier l'excellence de leur mine dans la galerie des miroirs où se joue l'éternelle comédie humaine. Leur mauvaise foi se dissimule derrière le vernis des mots qui cultivent avec brio le sens du paradoxe. « C'est pourquoi je dirai, très sérieusement, qu'un mari qui n'a pas envie de tromper sa femme est pour moi une sorte de malade », dit Dom Juan dans *La Mort qui fait le trottoir*[20].

Il suffit que l'encyclopédiste de mauvais aloi, au masculin comme au féminin, exploite, en fonction du besoin, à la table de toutes les séductions, les thèmes qui arrangent, servent son opportunisme amoral et s'offrent comme une providence qui

20 Montherlant, *op. cit.*

légitime ses agissements. Il va, par exemple, discourir sur les avantages du libertinage contemporain comme exercice de la rébellion dans une société consensuelle, sur ceux du féminisme nécessaire, sur la pensée de Sartre comme mode d'apprentissage de la liberté de l'être et du droit à l'erreur… Au jeu dangereux de l'opportunisme, les connaissances sont instrumentalisées, la philosophie, la littérature et l'histoire annexées, convoquées à la table du banquet, devant témoin ou en tête-à-tête pour confondre, faire pression et réduire au silence, en donnant l'impression de dominer la question. Il ne s'agit pas d'échanger des connaissances, de dialoguer, mais d'en imposer. D'esquiver la différence d'opinion ou de conviction, parce que celle-ci provoquerait un état de panique intérieure.

Presque tous les patients font état de l'incrédulité de leur entourage, quand ils osent expliquer que, derrière les murs du huis clos amoureux, les beaux discours de l'homme d'esprit, les connaissances de « l'honnête homme » qui sait l'art de la conversation, intimide par sa mémoire des dates ou des événements, son sens de l'analyse, la subtilité de ses démonstrations, se réduisent à une forme de tyrannie de la pensée. « Pendant très longtemps, je me suis tue, car je n'avais pas mon mot à dire », explique une patiente décidée à sortir de l'emprise de son compagnon despotique, comprenant que l'esprit de logique et les connaissances exhibées par celui-ci n'étaient que des écrans pour masquer sa peur de l'autre, sa hantise d'être envahi dans son intimité profonde. « Combien de fois lui ai-je dit que tout ce qui l'intéressait, c'était l'image qu'il donnait de lui-même, et les avantages qu'il pouvait en tirer des autres ! », rapporte une femme désireuse d'entamer un traitement thérapeutique.

Dans l'antre de cet « anticouple », les certitudes en matière de savoir se réduisent parfois à un discours sibyllin ou, purement et simplement, au silence, un moyen de pression remarquable d'économie, dans la mesure où il distille l'angoisse sans qu'il soit nécessaire de déployer beaucoup d'énergie. De nombreux patients déclarent que le partenaire qui, en société, revêt le costume de l'encyclopédiste, offre souvent, en guise d'échange intellectuel, un silence têtu, un visage morne, des paroles lapidaires qui n'ont d'autre objectif que de faire douter de la validité des opinions énoncées. Tout masque de la *commedia dell'arte* déposé, chacun se retranche, qui derrière le petit écran, qui derrière ses livres, ou se contente d'infirmer les dires de l'autre sans argumenter, ou par circonlocution. « Tu devrais réviser ton jugement ! Tu vois bien que tes affirmations ne tiennent pas debout ! », s'entend souvent un patient répliquer par son épouse. Un autre affirme aussi que, lorsqu'il se risquait à évoquer une date ou un événement à sa femme, férue d'histoire et de géographie, cette dernière se précipitait dans le dictionnaire pour vérifier ses dires...

Seul le conjoint sait que ces individus, brillants en société par leur conversation et leur apparence, ne sont que des acteurs. « Pourtant, on n'aurait pas pensé cela de lui/d'elle », déclarent ceux qui ne connaissent que la face solaire de cet être à deux visages. Il n'est pas aisé de jouer au héros vingt-quatre heures sur vingt-quatre, le guerrier ou la guerrière a besoin de repos entre deux prouesses sur la planète préfabriquée d'une *dolce vita* où oublier une solitude intérieure qui serait pathétique, si elle ne faisait pas de victime.

⁂

Le quotidien **subi**

Contrôlé, rabaissé, dévalorisé

Vouloir tout maîtriser est une tendance forte chez le partenaire à profil pervers narcissique, qui tisse sa toile comme Arachné, transformée en araignée pour avoir provoqué Athéna dans un concours de tissage. De nombreux patients qui ont approché de près ce type de sujet font état de cette tendance maladive à vouloir posséder tout ce qui est l'autre. L'objectif est, par cette mainmise, de placer le partenaire amoureux sous dépendance, pour détruire chez lui toute velléité de construire une intimité amoureuse. La logique de ce type de personnalité est « toute dans l'emprise qu'elle exerce sur les autres afin de les utiliser au mieux de ses intérêts narcissiques et matériels », dit Racamier dans *Le Génie des origines*[21].

Il n'est donc pas question d'amour, dans ces attitudes possessives qui se traduisent par une détermination pathologique à vouloir tout contrôler, mais de stratégie opportuniste dictée par la peur de l'échange amoureux. Diriger, pour que rien n'échappe, c'est mettre l'autre à bonne distance, et l'empêcher « d'agir ». Il faut avoir à la pensée que le pervers narcissique a besoin de cette relation par laquelle il exerce un rôle de dominateur, car elle lui permet de mieux s'aimer, aux dépens du conjoint phagocyté, réduit à un jouet, un « fétiche » qu'il retourne dans tous

21 Racamier, *Le Génie des origines*, Paris, Payot, 1992.

les sens, en fonction de la nécessité du moment. Aucune face de cet « objet miroir » ne doit lui échapper, pour qu'il puisse y voir, quand il le souhaite, sa propre image revalorisée. C'est l'histoire du petit poisson qui prend sa nourriture sur le dos du gros, dont il pompe l'énergie contre vents et marées. Si par hasard « l'objet » lui échappe, la panique monte dans l'inconscient : « Je ne suis rien. » Bien sûr, le sujet pervers ignore ce qui se joue dans cet inconscient dont il est prisonnier. Il ne fait que se défendre.

Comment le conjoint (au masculin comme au féminin) s'y prend-il, concrètement, pour exercer cette dictature ? Quels sont les visages de ce harcèlement dans le cadre de ce couple qui n'en est pas un ?

Tout contrôler, cela peut revenir à exiger systématiquement du partenaire un compte-rendu de ses actes quotidiens, à la façon d'un : « Nous avons les moyens de vous faire parler » version adoucie. « Ses yeux sont pleins de regards, sa bouche pleine de questions », écrit Hervé Bazin dans *Le Matrimoine*[22]. Il s'agit de connaître les activités d'hier, d'aujourd'hui, mais aussi de demain, le nom des personnes rencontrées ou de celles qui ont téléphoné, le thème des conversations, etc.

Parce que, enfant, il n'a pas été respecté dans son intimité, le pervers narcissique connaît la ritournelle. Méfiant comme un tigre, il n'a pas son pareil pour traquer, fouiller les recoins de la conscience, fouiner dans les pensées de l'autre contraint de s'étendre sur le divan des confidences, pour une mise à nu qui attente à sa liberté intérieure. Dans *Une Maison de poupée*[23], Helmer culpabilise son épouse, Nora, sur sa gourmandise par des questions de forme interronégative à valeur d'insinuation, ne laissant pas de sortie possible : « Mon bec fin n'aurait pas

22 Hervé Bazin, *Le Matrimoine*, Paris, Seuil, 1991.
23 Henrik Ibsen, *Une Maison de poupée*, Paris, Flammarion (GF), 1994.

fait un tour en ville, aujourd'hui ? » Ou encore : « Mon bec fin n'a vraiment pas fait un détour par la pâtisserie ? [...] Il n'a pas piqué un peu de confiture ? » Harcelée par ces questions insidieuses, Nora résiste, puis finit par abdiquer : « L'idée ne me viendrait pas d'agir contre ton gré. »

Un autre mode d'assujettissement du conjoint passe par la langue et l'utilisation constante de l'adjectif possessif comme mode de désignation. S'il n'est pas question d'amour dans ce drôle de couple, il est question d'appartenance, de « propriété privée », comme dirait Abel, le héros du *Matrimoine*[24] : « Vous retrouverez le même accent dans les litanies : mon loup, mon rat, mon chou, mon chat... Derrière le possessif, le monosyllabe (m'assimilant à n'importe quoi : carnivore, volaille ou légume) est pur prétexte. » Combien de patients expriment, en séance, leur souffrance passée, en évoquant la façon obséquieuse dont leur conjoint répétait, en société, les expressions « mon mari », « ma femme », d'une voix s'attardant sur l'adjectif possessif. En surface, les témoins non avertis pensent : « Quel bel amour que voilà ! » Si ce langage rabaisse de façon subtile le partenaire privé d'autonomie et du statut de personne, les apparences sont sauves... Tout le monde n'a pas forcément la possibilité de décoder ce qui se trame au-delà, tant nombreux sont les « malentendants », eux-mêmes prisonniers de leur histoire, de leur passé.

Tout contrôler, enfermer le partenaire dans une prison invisible, c'est ne pas respecter ses opinions, ses partis pris, ses goûts, ses inclinations, ses choix dans quelque domaine que ce soit. C'est souvent les dénigrer de façon systématique, pour les influencer. Tout se passe comme si le pervers narcissique fonctionnait comme un Pygmalion bizarre, qui prendrait la fuite une fois sa créature devenue humaine. Elle est en tout cas cette

---

24 Hervé Bazin, *op. cit.*

« pâte à modeler » dont il oriente les pensées, les convictions, les désirs ou les initiatives, comme s'il cherchait à fabriquer de toutes pièces sa copie, une image qui le rassurerait enfin sur ce qu'il est. Le pervers ne se refuse aucune violence morale – il en a subi plus d'une dans l'enfance – pour conditionner son conjoint à penser comme lui, à douter de ce qu'il pense par lui-même, à adopter ses vues sur le monde, ses choix dans le quotidien du couple. Flatteries, insinuations, discours rationnel mais aussi coercitif ou moralisateur, chantage, menace, insulte, confiscation : tout est bon, en matière de violence psychologique, pour que l'autre n'échappe pas à l'oppression. Tous les moyens sont bons pour nier l'autre dans sa différence.

Dans *Le Paradis sur terre* de Tennessee Williams, le « pauvre blondinet » que Muguette a épousé voit son fume-cigarette confisqué par celle qui, moralisatrice, déclare : « Tu es fou de fumer ! Rien ne peut te faire plus mal ! » Pour ce « petit dieu bizarre avec sa tête de Joconde et son fume-cigarette » auquel elle entend se « consacrer », Muguette a tous les instincts de la possession. Placer sa « chose » fétichisée sous haute surveillance pour la contrôler, avec l'apparence d'une sollicitude plus maternelle qu'amoureuse... Elle engage son partenaire à « se mettre au lit au lieu de rester à la fenêtre », insiste sur le fait qu'il risque d'« attraper froid », que ce ciel qu'il dit vouloir observer est « tout couvert ». Elle répète sa volonté de l'envoyer se coucher, pour pouvoir « le serrer »... « Tu peux m'aimer sans me serrer », répond Lot à sa compagne, qui n'entend pas, et insiste pour lui mettre « sur les épaules une couverture, par exemple ». Elle n'entend pas plus Lot qui refuse son geste : « Ça m'étoufferait », dit-il...

Conditionner l'autre dans le couple, c'est aussi l'empêcher d'être un individu « sous influence », c'est-à-dire qui soit parasité par les opinions des tiers. Le but poursuivi est simple : il s'agit d'isoler le partenaire amoureux, de le placer sous la surveillance d'un grand œil qui voit tout, en le condamnant à la solitude. « Peu à peu il a éloigné mes amis, jusqu'à ne plus accepter personne à la maison », avoue une patiente lors d'une consultation. « Toi et ta mère, vous êtes deux folles ! », aurait déclaré à maintes reprises son conjoint. Cette volonté d'isolement se traduit, dans les cas les plus extrêmes, par un passage à l'acte d'ordre physique. Dans *Une Chatte sur un toit brûlant*[25], Margaret ferme la porte à clé pour « être seule » avec Brick, qui laisse entendre que cela n'est pas « raisonnable », que c'est « ridicule », que cette « attitude » le « gêne ».

L'entourage familial comme les amis sont les cibles toutes désignées de cette entreprise de sape, de démolition systématique à laquelle s'emploie le sujet pervers. Discréditer la famille ou les amis du conjoint, c'est dévaloriser ce dernier par personnes interposées. Il s'agit en fait d'écarter tous ceux qui pourraient apporter un éclairage différent et faire prendre du recul à l'autre, lui ouvrir les yeux. Les moyens employés sont ceux du dénigrement, puisqu'il s'agit de faire douter des bons sentiments et des bonnes intentions de l'entourage. L'insistance sur les « défauts » de l'ami et du parent, sur le danger que leur fréquentation représente, s'exerce dans l'ombre des alcôves. De même, les enfants sont pris en otages, puisqu'il s'agit de « diviser pour régner », en récupérant les bonnes volontés naïves susceptibles de renforcer le pouvoir de suggestion sur le partenaire qu'il est question de déstabiliser.

Ce harcèlement de tous les instants passe aussi par le truchement du téléphone et du répondeur, qui permettent de placer l'autre sous haute surveillance. Nombreux sont les patients qui allèguent combien ces progrès que sont censés constituer le

25 Tennessee Williams, *op. cit.*

téléphone portable et les mails sur Internet sont de nouvelles armes d'emprise et de contrôle dans les mains du partenaire à tendance perverse narcissique. Le harcèlement passe par quantité de messages laissés sur le répondeur où une voix caressante, ou plus dure quand l'entreprise de démolition doit être accentuée, cherche à savoir ce que fait, ce que pense, ce que vit l'autre, comme si le couple, qui n'est rien d'autre qu'une intersection commune, était un lieu de symbiose où « l'un est l'autre », pour reprendre un titre d'Élisabeth Badinter[26]. À l'inverse, redoutable aussi est le silence d'un téléphone qui s'entête à ne pas sonner : déstabiliser, manifester sa désapprobation, peut aussi faire du vide organisé un instrument de suggestion redoutable. Les questions, les doutes et les peurs s'emballent alors dans la conscience du partenaire amoureux culpabilisé à point, rendu anxieux à souhait, prêt à consommer.

Enfin, la politique du regard qui, en société, donne un ordre de façon discrète, flatte quand il le faut pour atteindre l'objectif de l'instant, se fait méduse qui annule toute résistance, paralyse le conjoint, est une méthode bien connue de ce type de personnalité. L'individu sait parfaitement bien, en amour, jouer avec la fameuse « pistolétade » dont il usait à l'égard d'une mère tyrannique, en cette époque lointaine de l'enfance. Haïr, contrôler avec les yeux : solution économe et efficace pour ce pragmatique qui ne s'encombre ni d'états d'âme ni de morale, puisque respecter humainement son partenaire d'amour n'est pas son sujet. Puisqu'il n'a pas appris à se respecter lui-même.

La question de l'argent

Le pervers est propriétaire, dépense pour lui, et ne donne qu'avec parcimonie. L'argent, s'il est thésaurisé dans une

26 Élisabeth Badinter, *L'Un est l'autre*, Paris, LGF/Livre de poche, 1987.

« cassette » plus précieuse aux yeux d'Harpagon qu'une femme ou qu'un fils, ou s'il fait des petits dans les mains du père Grandet dont les vignes valent de l'or, est un moyen de chantage radical et a une place de choix parmi les outils de la manipulation. Il semble que, comme tout être humain, ce handicapé de l'amour ait compris très tôt le pouvoir qu'il représente. Gageons que cet individu impuissant à échanger quoi que ce soit avec son *alter ego* et avec toute personne, est resté « fixé » au stade anal, au sens freudien, c'est-à-dire qu'il utilise sa faculté de rétention pour asseoir un « pouvoir du faible » sur son partenaire. Il réagit encore comme un petit garçon qui résiste à sa mère, lui demandant qu'il lui fasse le « cadeau » de ses « besoins », qu'il décide de retenir pour se mesurer à son premier objet d'amour maternel, pour exister, s'en démarquer. Certains adultes ne dépassent pas ce stade, quand les relations avec la mère dévoreuse et abusive ont été conflictuelles, quand la génitrice a rejoué le scénario d'une Agrippine ou d'une Médée asphyxiantes, d'une Genitrix dévoreuse et abusive. Leurs relations avec les autres, en amour, en amitié ou en affaires, sont donc singulièrement difficiles, du fait de ce rapport pervers qu'ils entretiennent avec l'argent. En fait, ils ne connaissent pas le sens du mot « relation », sont incapables d'échanger, donc de construire dans la durée une vraie relation humaine.

Comment le sujet pervers narcissique vit-il ses rapports avec l'argent, dans le quotidien du couple ? Quelles sont ses relations avec « cet obscur objet du désir » qui fait avancer le monde jusqu'à lui donner le tournis, qui fait de la richesse « une vertu », comme le déclarait Diderot au siècle des Lumières ?

La peur de l'échange le fait parfois s'agripper à la fameuse cassette d'Harpagon avec laquelle il entretient des rapports fantasmatiques et passionnels. Tout se passe comme si, incapable qu'il est de vivre ses sentiments avec le partenaire, il

« compensait », en projetant ses affects sur l'argent, cette « chose » symbolique qui ne demande rien en échange, mais confère un pouvoir immense sur autrui. Du moins est-ce là ce qui se joue dans l'inconscient. Rappelons l'état de panique d'Harpagon qui découvre que sa cassette lui a été volée au fond de son jardin : « Hélas ! mon pauvre argent, mon pauvre argent, mon cher ami, on m'a privé de toi ! [...] Tout est fini pour moi, et je n'ai plus que faire au monde ! Sans toi, il m'est impossible de vivre. C'en est fait, je n'en puis plus, je me meurs, je suis mort, je suis enterré ! » Harpagon s'adresse à cette « valeur » inerte sur laquelle il a transféré tous ses sentiments comme sur une personne aimée qui l'aurait quitté, le laissant dans une solitude ouverte sur la douleur du manque.

Ainsi, quand le pervers narcissique se révèle avare, fait de la rétention dans le couple, c'est certes pour marquer son ascendant sur l'*alter ego* avec qui il est incapable de communiquer, mais aussi pour garder ce « partenaire invisible » auquel il est pathologiquement attaché et qui a le mérite de ne rien exiger. Cette cassette est ce « corps » symbolique qui réagit à la demande, se soumet, que l'on peut caresser sans courir le risque d'être placé dans une situation imprévue. L'argent n'attend rien de l'autre, il ne menace pas l'intimité meurtrie dans l'enfance, il est un partenaire idéal, « malléable et corvéable à merci », qui ne parle pas. Il permet en outre de faire la loi sur le conjoint, surtout si ce dernier est économiquement dépendant. Nombre de patients, de mères au foyer ou d'individus précarisés par un temps partiel ou un chômage temporaire, témoignent des trésors de patience qu'ils durent déployer pour être en mesure de répondre aux besoins du ménage ou de la famille, de se procurer les denrées nécessaires à une vie quotidienne décente.

Au quotidien, le pervers narcissique est une copie du père Grandet, qui terrorise sa femme et sa fille quand il s'agit de faire des dépenses en matière de bougies, de bois, de farine ou de beurre pour confectionner une galette… « Ne vas-tu pas mettre la maison au pillage à cause de mon neveu ? », répond-il à Nanon, alors qu'elle lui demande « de la farine et du beurre »[27]. Petit discours sous le signe de l'avarice que bien des patients ont entendu, dans le huis clos de l'amour malmené. Ils savent que l'avarice ne consiste pas seulement à enfouir « la cassette » au fond du jardin : le conjoint pervers narcissique a enterré au fond de son cœur sa générosité, ses sentiments, sa tendresse, ses capacités de don, tant il est avare de protéger une intimité piétinée durant l'enfance. S'il donne, c'est au compte-gouttes, à l'arraché, poussant l'autre à s'humilier pour obtenir ce dont la maisonnée a besoin.

Coupé de la vie, il s'accroche à la valeur monétaire comme un noyé à son radeau, fasciné par l'argent, par ce qu'il représente, comme s'il était non plus un moyen mais une fin en soi. Ce pouvoir du faible qu'Harpagon nomme « trésor » est conçu par ce prisonnier du passé comme l'instrument d'une liberté illusoire.

Nombre de patients témoignent du fait que leur conjoint les sacrifie souvent sur l'autel du travail et de la bourse, ajoutant des zéros sur le compte en banque, sans que cet argent soit assimilé à un moyen d'échange susceptible d'améliorer la vie du couple ou de la famille. Cette course à l'enrichissement comme fin en soi engendre une excitation libidinale conférant au partenaire anesthésié dans ses affects et dans ses sensations, un sentiment trompeur de puissance. Il se grise d'un sentiment de liberté en trompe-l'œil, qui rime plutôt avec « solitude affective », la course

27 Balzac, *Eugénie Grandet*, Paris, Flammarion (GF), 2000.

à l'argent n'étant qu'un prétexte pour mettre à distance du lien, empêcher toute relation profonde.

Cette arme est aussi utilisée dans le couple comme moyen de culpabilisation. Cela est d'autant plus difficile à vivre pour le partenaire s'il est dépendant. Cette manipulation est plus paradoxale quand il s'agit de faire pression sur un conjoint doté d'un pouvoir de survie économique, ou qui contribue largement aux besoins du couple ou de la famille, soit financièrement, soit par l'accomplissement de tâches domestiques ou en élevant les enfants. Dans *Une Maison de poupée*[28], Helmer condescend, avec mépris, à donner « quelques billets » à sa femme Nora pour les dépenses de Noël, lui déclarant : « Hé ! Il faudra bien ! », parce qu'elle a laissé entendre qu'elle pourrait « aller loin avec ça »... Il a, avant de donner cet argent, infantilisé sa « poupée », qu'il nomme avec un mépris voluptueux « la petite alouette » qui « ne va pas traîner de l'aile », sortant son porte-monnaie en jouant avec les mots comme s'il s'agissait d'appâter : « Nora, que crois-tu que j'aie là-dedans ? » Quelques secondes plus tard, la poigne se fait plus dure, quand Nora annonce qu'elle a déjà acheté des cadeaux pour les proches, et non pour elle. Il demande alors au « petit panier percé » si elle ne désirerait pas « quelque chose de raisonnable », et quand Nora finit par lui demander de l'argent pour « un de ces jours, acheter quelque chose avec », il cherche à savoir, de façon perverse, comment s'appelle « l'oiseau qui ne cesse de gaspiller ». Puis il condamne Nora, en déclarant que cette somme « va passer au ménage et à mille choses inutiles », laissant entendre avec perfidie que cela revient cher « d'entretenir un étourneau ». Enfin, Nora serait « cette drôle de petite chose » qui, bien sûr, ressemble à son père... On ne peut pas mieux agir, pour confondre et rabaisser une personne, en la

28 Henrik Ibsen, *op. cit.*

transformant en un objet futile et méprisable que l'on tient avec les cordons de la bourse pour la frustrer.

La tendance à la prodigalité est un autre visage de cette manipulation par l'argent dont use et abuse le sujet pervers narcissique. Cette stratégie de la générosité apparente fonctionne surtout lors des premières rencontres. Il s'agit de ferrer, d'appâter, puis de tenir en laisse. En période de chasse, toutes les dépenses sont permises. Dans *Une vie*[29], Julien de Lamarre, avant d'épouser Jeanne, camoufle soigneusement cette avarice dont souffrira sa femme après le voyage de noces, alors qu'elle a davantage de biens que lui, noble désargenté. En fait, il s'agit de donner le change en suggérant un pouvoir que l'on ne détient pas. Acheter le partenaire par des cadeaux luxueux, l'inviter dans des lieux chics, autant de façons de se rassurer. Ces couples où l'échange n'existe pas, où la dépense se fait de façon unilatérale, ne durent guère. Acheter l'autre revient à ne pas le respecter en tant que personne, c'est lui tendre un piège qui le conditionne à se sentir redevable, c'est exprimer, inconsciemment, sa peur de n'être rien. En surface, il s'agit de faire mordre le poisson à l'hameçon. En profondeur, ces actes dispendieux traduisent une peur inconsciente de n'être pas à la hauteur, comme si l'argent pouvait compenser ce vide intérieur où le pervers, ce désespéré qui s'ignore, se noie un peu plus chaque jour. Ce qu'il ne sait pas, c'est qu'en matière de sentiments, l'argent ne peut pas tout et ne remplace en aucune façon leur expression.

La période de séduction donjuanesque achevée, le couple connaît des lendemains qui ne chantent pas. Une fois la relation normalisée – vie de couple, mariage –, le partenaire malade n'est guère ouvert à la dépense dans la vie quotidienne, ou s'il l'est, c'est pour la galerie, en flambeur qui s'évertue à sauver

29 Guy de Maupassant, *op. cit.*

les apparences. Qu'importent les privations du lendemain dans la vie du couple, personne n'en saura rien, les murs en sont garants... Combien de personnes se sont plaintes de ce chantage à l'argent qui fait preuve d'imagination pour offrir au grand jour les couleurs du caméléon...

Sous influence, pas de seuil de tolérance

Nombreux sont les patients qui témoignent que ce « fil à la patte », le partenaire sait le leur mettre quand il faut et au moment opportun, en transformant l'or des sentiments en boue asphyxiante pour le cœur, en égratignant l'âme par un souverain mépris porté à leur personne. Il faut garder à l'esprit que celui qui malmène l'amour dépend inconsciemment de la personne qu'il détruit. En effet, il a besoin de cet « objet » comme d'un faire-valoir qui l'empêche de sentir le vent froid qui glace son âme, s'engouffre dans le vide qui lui tient lieu de cœur. Il doit pouvoir, tel Dom Juan, « grand seigneur méchant homme », ou telle Penthésilée, reine des Amazones, manipuler le conjoint qu'il traque, épie à sa guise. Tout entier porté par un sentiment mêlé de haine et de rage, de peur et d'impuissance, il cherche à inscrire son pouvoir de suggestion dans la durée, dût-il en épuiser sa victime.

Aussi, dans ce couple où l'agresseur est aussi bien un homme qu'une femme, le plus dépendant n'est pas au final celui ou celle qu'on croit. Du moins faut-il lire, au-delà des apparences, un autre scénario, où celui qui humilie, dévalorise et tue le désir serait esclave de sa volonté d'assujettissement, qui le condamnerait à, coûte que coûte, maintenir en vie ce lien pervers qui, à coups de violence morale, lui donne le sentiment, sinon d'être, du moins d'exister, de moins se détester. Vivre sur le dos de son proche est une nécessité vitale. Si d'aventure il s'en trouvait éjecté, il lui faudrait immédiatement dompter un autre partenaire. De façon pragmatique, il est plus confortable de rester niché le plus longtemps possible là où on s'est incrusté ; il faudrait, sinon, redémarrer de zéro pour séduire et convaincre.

Les témoignages de patients confirment que la dépendance est ce qui caractérise aussi bien la victime que le partenaire à tendance perverse narcissique. Femmes et hommes, ils font état de ce harcèlement permanent. Le sujet malade accentue d'ailleurs dangereusement la pression quand il se sent dévoilé. Deux solutions s'offrent alors à lui, d'un point de vue stratégique.

La première tactique consiste, en cas d'alerte, à repousser le seuil de tolérance du conjoint qui devient lucide et résiste, par le discours ou par les actes. Au moment où ce dernier ne s'y attendait plus, le voilà, contre toute attente, reconnu l'espace d'un instant, pris en considération en tant que personne. Le pervers enfile son costume de courtisan qui fait de l'hypocrisie son cheval de bataille, afin de renforcer ses positions, sur ce territoire qu'il sent menacé. Le compliment affleure, la voix se fait caressante, à l'économie, avec juste ce qu'il faut pour laisser croire que les sentiments existent. Parce qu'il a tout intérêt à berner son *alter ego*, il souligne, doucereux et mielleux, une qualité, valorise, encourage. Le langage des yeux et des mimiques, les mots et les actes sont exploités à fin de reconquête. Un présent, une invitation dans un lieu de prédilection, un bras qui se referme quelques instants sur une épaule, une main qui en attrape une autre, une date anniversaire fêtée, sont les signes ténus de cette stratégie en actes pour tenter de récupérer l'autre, pour le soumettre mieux, apaiser ses soupçons, taire ses interrogations. C'est « la poigne de fer dans le gant de velours ». Bref, il est question de s'adresser au narcissisme pour flatter, caresser, afin de poursuivre par la suite cette œuvre de sape par laquelle se bricole un équilibre précaire. Il suffit juste, pour gagner du temps, de bien doser les réactions, puisque celui qui a été habitué à être frustré et non reconnu accueillera tout signe de valorisation comme une aubaine. Lorsque les choses sont allées trop loin et que le conjoint trop abîmé est près de le démasquer, ou semble ouvrir les yeux sur la manipulation dont il est l'objet, l'étau se resserre.

L'autre solution disponible pour celui qui joue le rôle du bourreau, est celle du harcèlement moral poussé à l'extrême. Plongé dans un état de panique inconscient, le pervers déploie toutes les ressources que le levier de la peur lui inspire. L'instinct de survie le guide : il ne faut en aucun cas perdre son ascendant sur cet « objet familier » qu'est celui qui assure un équilibre relatif et offre les avantages de la jouissance du faible.

Ainsi les limites se voient-elles reculées à l'infini, et la liberté d'agir et d'être de l'autre est-elle laminée dans le huis clos de l'enfer amoureux. Placé sous haute surveillance, le conjoint susceptible de s'échapper subit au quotidien une pression aux mille et une manifestations. Harcèlement téléphonique, comme le décrit une patiente en séance, messages répétés sur le répondeur, prise en otages des enfants auprès de qui l'on joue le scénario de la victime…

Parfois cela va plus loin. L'amoureux qui a des velléités de résistance est isolé physiquement.

Une patiente évoque le chantage à l'abandon et au divorce qui fut exploité tant et mieux par son conjoint. Le fait de répondre que c'était « une bonne idée » allait se retourner contre elle, dans la mesure où cette perspective ne pouvait que précipiter davantage dans la panique celui qui avait besoin de dominer au quotidien. « Il ne lui était plus possible de faire machine arrière, il était acculé », dit-elle, en évoquant la coupure de sa ligne téléphonique, les pneus de son véhicule crevés, l'annulation de l'assurance de sa voiture pourtant payée par ses soins. Quant au compte joint commun, il fut dévalisé, de façon à ne laisser « aucune chance de survie » à celle qui travaillait par intermittence. Tous les moyens sont envisagés pour maintenir l'autre sous le joug. Le « tortionnaire » ne connaît pas le principe de réalité, il fonctionne à la pulsion et à la peur. Les notions de respect de la dignité et de la personne sont, dans sa conscience, lettres mortes. Aussi est-il prêt à tous les irrespects, à tous les terrorismes, quand sa proie lui échappe, s'il ne juge pas avoir dévoré et assimilé tout ce dont il a besoin.

-❸-

COMMENT DEVIENT-ON **UNE VICTIME ?**

Un comportement **paradoxal**

Aimer seul

Prendre sa place sur le champ de bataille où cet ersatz de couple construit la relation de type pervers narcissique, seul lien qui le lie vraiment, n'a rien d'anodin, n'est nullement le fait du hasard, d'un manque de chance ou d'un signe du destin. Le partenaire qui joue le rôle de la victime dans ce binôme du désespoir n'a rien d'une créature damnée qui, telle Phèdre, serait condamnée à subir la punition des dieux pour quelque lointaine faute familiale.

Pourtant, aussi étonnant que cela paraisse, certaines personnes sont attirées par un *alter ego* qui a tout du diable, au sens (étymologique) où il ne sait que séparer, détruire la relation amoureuse. Elles parviennent non seulement à vivre l'état de « cristallisation amoureuse » qu'évoque Stendhal[30], à « s'énamourer », mais aussi à s'attacher profondément, du moins en

30 Stendhal, *De l'amour*, Paris, UGE/Pocket, 1998.

apparence, à un conjoint qui vampirise leur énergie, les tient à distance de son intimité et les met elles-mêmes à sac.

De nombreux patients qui souffrent de cette relation épuisante témoignent de ce sentiment amoureux paradoxal auquel ils restent parfois accrochés des années durant, sur la scène où se joue la vie éclatée et convulsive de leur couple.

S'agit-il vraiment d'amour ? N'est-ce pas plutôt une dépendance psychologique privant le conjoint de libre arbitre, lui qui est décidé à aimer, envers et contre tout, quand bien même l'autre fait défaut et lui échappe, décourage les meilleures volontés, griffe le désir et le cœur jusqu'au sang ? « Mais pourquoi ne me dites-vous pas que vous m'aimez ? », demande Roland Barthes dans *Fragments d'un discours amoureux*[31]. Ce sont ces mots, ces mots fantasmes que le partenaire amoureux attend, espère, invente, dans sa cage aux murs tapissés des seuls sentiments noirs dont le pervers narcissique sait jouir.

— L'amour rend aveugle...

Il apparaît que le sujet qui subit la violence psychologique dans le couple ne voit pas, longtemps durant, son partenaire dans sa réalité crue, telle madame Butterfly attendant le retour du voyageur auquel son cœur s'est accroché comme à une idée fixe, s'ouvrant sur un véritable ravissement douloureux. Tout se passe comme si la lucidité, les facultés de jugement se trouvaient gelées, face à l'être qui exerce une véritable fascination mortifère. Il n'est pas appréhendé tel qu'il est : « Ce que j'appelle cristallisation, c'est l'opération de l'esprit, qui tire de tout ce qui se présente la découverte que l'être aimé a de nouvelles perfections. »[32] Dans le couple qui construit au jour le jour la

31 Roland Barthes, *Fragments d'un discours amoureux*, Paris, Seuil, 1977.
32 Stendhal, *op. cit.*

relation de type pervers narcissique, la victime manipulée et culpabilisée, est aveuglée par ce qui, confusément, l'attire, par des qualités qu'elle croit ne pas posséder. Elle réinvente, contre toute attente et en dépit du réel, ces « nouvelles perfections », crée de toutes pièces une autre histoire que celle que la réalité lui renvoie, comme pour se protéger, comme pour n'avoir pas à affronter le vide, le manque et la perte. Mieux, elle fait de ces frustrations infligées au quotidien une sorte de satisfaction inconsciente, parvenant au tour de force d'aimer dans le vide, à en redemander, à s'en nourrir.

Le sujet qui, dans ce couple défait avant même d'être construit, prend la place du dominé, cultive le sens de l'attente à tous les temps et tous les modes, a toutes les patiences et toutes les indulgences, s'autopersuade que les preuves d'amour, en mots et en actes, finiront par exister. Ce sont des personnages de Marguerite Duras, qui se repaissent d'une forme de mélancolie narcissique, et connaissent cette étrange fascination pour le manque qui alimente leur volupté. Telle Lol V. Stein abandonnée par Michael Richardson, dans *Le Ravissement de Lol V. Stein*[33], elles rencontrent dans la tristesse et les larmes une paradoxale volupté, une délectation douce-amère, contractent cette étrange maladie de la mélancolie, qui leur offre la jouissance inconsciente du manque.

Celui qui fait les frais du lien pervers, dans ce couple infernal, est un papillon aux ailes fragiles volant avec ivresse vers ce « grand soleil » en trompe-l'œil dont Paul Éluard dit qu'il « monte à la tête ». Le vernis du sujet qui sait briller, faire preuve d'esprit, de brio, se meut en société comme un « honnête homme » ou un Casanova transformant les mots en véritables feux d'artifice, est

33 Marguerite Duras, *Le Ravissement de Lol V. Stein*, Paris, Gallimard (Folio), 1976.

cet aimant qui subjugue. Le « partenaire objet » se raccroche de toutes ses forces au radeau de l'illusion, il refuse de voir pour ne pas faire face aux évidences et à la souffrance, comme paralysé par l'ascendant très fort de cet *alter ego* qui l'exploite jusqu'à l'épuisement. Il accepte de descendre en enfer les yeux bandés, tenant la main de ce passeur sans affect qui l'emmène jusqu'au bord du Styx, et ne participe pas même au prix à payer pour l'obole qu'attend Charon. En fait, les profils du pervers et du sujet névrosé qui est en attente de reconnaissance, sont faits pour s'emboîter, et vivre « de l'amour à querelles »[34].

— Un idéalisme mortifère

Si les partenaires impliqués demeurent longtemps dans le leurre, fabriquent dans leur solitude affective une mélancolie voluptueuse, ils sont bien plus vivants que le pervers. Ils ont le sens de la morale, des limites et de l'autre, cultivent le respect de la personne, développent des affects susceptibles de s'inscrire dans la durée. S'ils aiment d'autant plus qu'ils sont mal aimés, comme Hermione s'accroche à Pyrrhus qui aime Andromaque qui aime feu Hector, c'est qu'ils connaissent le sentiment de culpabilité, contrairement à leur *alter ego* qui leur apprend « le malheur d'aimer ». Ce sentiment rend le sujet manipulé d'autant plus prisonnier des suggestions de l'autre qu'il n'est pas libre dans son entendement, comme s'il était condamné à prouver, à réparer, au nom de cet « idéal » d'amour dont il ne démord pas.

Le partenaire pervers trouve ainsi une planche de salut idéal dans le sujet dont le psychisme est structuré par la névrose. Ce dernier offre, comme une caverne d'Ali Baba, ses trésors de confiance, d'optimisme, d'allant, de goût pour l'autre. Autant de biens à piller pour le fantoche qui ignore le sens du mot scrupule,

34 Stendhal, *op. cit.*

et qui exerce une véritable force d'attraction sur un partenaire qui, lui, est capable de se remettre en question au point de douter suffisamment de lui-même pour en devenir malléable. Lorsque Dom Juan paraît, en pantalons ou en jupon, il sait d'un coup d'œil évaluer les qualités et les défauts de cette proie susceptible de lui fournir la nourriture dont il a besoin pour soigner son image. Il sait capter cette faille, si peu apparente soit-elle, qu'est le doute cultivé par tout sujet névrosé, c'est-à-dire par toute personne qui s'interroge sur elle-même et a conscience de ses empêchements, de la « difficulté de vivre ». Alors il s'y engouffre avec brio et panache, appâte juste ce qu'il faut, car il n'a pas besoin de fournir trop d'efforts pour attirer le papillon vers son miroir de lumière artificielle. Le partenaire en attente d'amour et de reconnaissance est vite happé, tel l'hypnotisé qui a le désir de l'hypnose.

— Le désespoir magnifique

Tombé le cœur en avant dans ce songe éveillé, dans ce long sommeil digne d'une belle ou d'un bel au bois dormant attendant le baiser qui lui rendra la vie, il espère, encore et encore, que l'autre changera, l'aimera mieux. Il résiste à la petite voix qui chantonne, dans le sillon d'Aragon, qu'il « n'y a pas d'amour heureux » avec un sujet pervers narcissique. Madame Butterfly ou son double masculin se contente des miettes de sentiment qu'on veut bien lui donner en becquée, s'épuise dans l'attente du retour, sur la grève où elle/il a échoué avec la maladie d'amour pour seule compagne.

Cercle vicieux, pour ceux qui entretiennent le « malheur d'aimer » des héros de la littérature romantique, vissés au sentiment du manque, et qui répètent chaque jour, à la manière de Lamartine, que tout est « dépeuplé » quand « un seul être vous manque ». Engrenage d'autant plus fatal que ces sujets se voient dépossédés un peu plus chaque jour de leurs qualités et de leur potentiel de vie. Les personnes engagées dans ce type de relation à caractère sadomasochiste, ont paradoxalement, leur névrose comme chance de s'en sortir : elles ne sont pas tendues vers la destruction comme le partenaire pervers, et leur capacité d'interrogation sur elles-mêmes leur permet, après ces années de guerre subies jusqu'à l'intolérable, de réparer, de passer à autre chose, si elle se sont suffisamment penchées sur leur passé. Nora finit par s'échapper de la prison infantilisante où Helmer, son époux, l'a enfermée[35]. La chance du partenaire névrosé, c'est de pouvoir aimer et accepter « quelqu'un avec vous pour toujours », de « tolérer en soi-même un autre », comme l'écrit Paul Claudel dans *Le Partage de midi*[36]. Le drame du pervers, c'est que l'intimité de l'autre lui reste insupportable, elle qui déclenche les sonnettes d'alarme, au moindre bruit de pas en avant.

Tolérer l'intolérable

Ces hommes et ces femmes qui vivent sur le long terme une relation où le partenaire se fait opportuniste tous azimuts et attente à leur personne en exerçant une violence morale, invitent au questionnement. Ils supportent l'inacceptable des années durant, pour des raisons qui ne sont pas les causes fondamentales sur lesquelles se greffe cette dépendance au lien qui abîme…

Poser un regard distancié sur le sujet qui endosse le rôle de dominé dans le couple infernal, revient à constater que la guerre des nerfs se joue dans la durée, et que, sur les lieux de l'intimité, se répètent, avec des variantes, ces scénarios orchestrés par ce

35 Henrik Ibsen, *op. cit.*
36 Paul Claudel, *Le Partage de midi*, Paris, Gallimard (Folio), 1994.

« danger ambulant » qu'est le partenaire malade, comme l'appelle une patiente travaillant sur son passé. Ces binômes, tenus par le lien pervers, ont souvent la peau dure, et les victimes se déclarant telles font preuve d'une résistance et d'une capacité de soumission à toute épreuve, sur lesquelles elles doivent s'interroger. Nous verrons ce qui les rend, dans une certaine mesure, complices de l'être infernal qui transforme le territoire familier en champ de bataille.

Les faits parlent d'eux-mêmes, si surprenants soient-ils : certaines personnes déclarent avoir passé huit ans, vingt ans, trente ans et plus, dans l'antre du cyclope, dans cette zone d'équilibre instable où chacun se voit assigné un rôle et s'y tient d'autant mieux que l'individu conditionné est aux mains d'un manipulateur gagnant en excellence à mesure que les années passent, d'autant plus s'il réalise que le partenaire commence à ouvrir les yeux…

Le sujet qui se dit victime devra, tôt ou tard, apprendre à comprendre pourquoi il a été partie prenante de ce lien, tant il est plus facile psychologiquement, même si la souffrance est intense, de trouver des excuses au fait que les années se sont accumulées et que rien n'a été tenté pour s'affranchir. Certes, la précarité économique, le chômage ou la présence des enfants sont autant de prétextes légitimes que les patients offrent, dans un premier temps, comme bonne raison. Il est difficile d'affronter immédiatement des questions plus fondamentales, qui touchent aux causes profondes de la soumission, au problème du respect de soi et de la liberté intérieure. Il est vrai que, passé la phase du sursaut, de la prise de conscience engageant à cheminer lentement sur « les chemins de la liberté », les patients qui ont vu leur énergie et leur cœur laminés, saignent de tous leurs pores.

Ce qui fait question, c'est cette absolue soumission de maître à esclave, qui fonctionne sur la scène de l'intimité griffée pendant des années de vie commune. Il apparaît, au regard des témoignages de ceux et de celles qui cherchent à relever la tête et à vivre sur un autre mode, qu'il n'y a justement pas de limites à cette attitude, laquelle s'inscrit, comme nous l'avons vu, dans le cadre d'une dépendance psychologique très forte vis-à-vis d'un partenaire qui enfreint toutes les lois morales et humaines. Une fois entrée dans la boîte du prestidigitateur, la personne sous influence ne peut plus s'échapper. Au magicien de découper, tranche par tranche, le corps, l'âme et le cœur du sujet participant à son numéro, en fonction du bon plaisir ou de la nécessité du moment.

Nous verrons que cette liberté avec laquelle on choisit d'entrer dans le rond de lumière où se joue la scène de prestidigitation de l'homme à la cape noire, n'est pas un vrai choix, mais que le sujet est « parlé », au sens lacanien du terme, par d'autres voix qui résonnent à son insu, dans l'inconscient où elles s'élèvent dans une cacophonie échappant à la conscience immédiate. Ainsi, l'individu qui endosse la fonction de victime se fait-il tronçonner, les yeux bandés, sur la scène de l'intimité amoureuse qui joue à guichets fermés en semaine, samedi, dimanche et jours de fête… Il accepte l'inacceptable, courbe l'échine, ne sachant pas dire non, mettre des limites, se persuadant longtemps que les choses changeront, tant il a besoin de penser, à la manière d'Apollinaire, que « la vie est lente, mais l'espérance est violente ».

Regarder les choses en face, c'est mettre des mots sur ce qui est, concrètement, intolérable, et que le sujet placé sous emprise subit, avec « générosité, naïveté, et même bêtise ! », comme le déclare une patiente qui a voyagé trente-trois ans en terre de harcèlement, et est allée au bout de la souffrance morale.

C'est être confronté au fait que ce choix de l'indulgence et de l'attitude compréhensive n'est pas anodin, ne relève pas du hasard et invite au questionnement, tant les faits peuvent surprendre un observateur en bonne santé psychique. Tout se passe comme si le partenaire bafoué et avili trouvait son compte, inconsciemment, à « vivre dangereusement » cette vie amoureuse qui gifle, lacère, ruine le cœur et parfois le corps. Quel intérêt trouve-t-il à être mis à distance par un conjoint anesthésié, privé d'affect, qui ne peut manifester aucune tendresse, aucune sollicitude ? « La tendresse, c'est impossible », s'est vu déclarer un jour une patiente. Le sujet dominé, qui a la patience de toutes les souffrances, subit souvent les difficultés sexuelles de celui ou celle qui, caractérisé par une « froideur psychique » que son passé explique, ne peut laisser quiconque approcher son intimité.

Ainsi, par cette attitude de résignation soumise et d'aveuglement, le conjoint mortifié durant des années, accepte-t-il, de vivre selon le bon plaisir du partenaire qui décide de la pluie et du beau temps, des orientations, des horaires, des amis, des activités, des loisirs du couple, entend imposer sa volonté sans qu'on lui résiste, allant jusqu'à ce « jeu de la provocation », « jeu agressif qui vise à rendre l'autre fou »[37]. Il est souvent question d'endosser, dans la solitude, les responsabilités et les vicissitudes du quotidien, avec ou sans enfant, car le prestidigitateur, que le seul principe de plaisir régit, se dérobe quand il s'agit de trouver des solutions aux problèmes.

Ce ne sont pas là les seules souffrances que le partenaire, incapable de dire non, éprouve dans la durée. De jour en jour, ce sont non seulement ses sentiments qui sont malmenés, mais aussi sa dignité d'être humain qu'il laisse aux mains du conjoint sans foi ni morale. La personne maltraitée laisse aller, laisse faire… Progressivement énucléée, vidée de toute pensée propre,

37 Francesco Alberoni, *Je t'aime*, Paris, UGE/Pocket, 1998.

de toute idée singulière, elle subit, en actes et en mots, des humiliations quotidiennes dans le cercle domestique. Le sujet pervers, engagé dans une volonté de destruction qui lui permet de se fabriquer une meilleure image de lui-même, manie avec dextérité les armes de la dévalorisation, de la culpabilisation et du conditionnement : sa proie finit par être convaincue de n'être rien, de ne posséder aucune qualité au moral comme au physique, d'être folle… Ainsi s'explique en partie l'engrenage où elle tombe. De nombreux patients déclarent que leur partenaire a cherché, jusqu'à l'usure, à les faire douter d'eux-mêmes, à les convaincre, par insinuations, allusions ou insultes, que la maladie mentale les guettait.

Cette aptitude à assumer le délire du pervers peut encore aller plus loin. « La persécution continuait, encore et encore, déclare une femme qui a ouvert les yeux sur la vie infernale qu'elle menait trente-trois ans durant. Physiquement et psychiquement, je tenais le coup », dit-elle. Insultes au quotidien, isolement, menaces, contrôle des faits et gestes, violence physique, harcèlement téléphonique et par courrier : autant de réalités que les sujets fonctionnant dans une logique de culpabilité mêlée de résignation vivent et assument souvent pendant de longues années…

Engagées dans une spirale, les « victimes complices » de l'amour pervers ont d'autant plus de mal à sortir du schéma dominant/dominé qu'elles sont progressivement dépersonnalisées, ombres au pays des vivants, poussées dans leurs retranchements dans l'antre où s'exercent les abus conjugaux. Cela dure d'autant plus que le partenaire sait parfaitement gérer sa double face et offrir à l'extérieur les mille éclats de son soleil. La grande majorité des patients fait état de l'incrédulité de la famille et de l'entourage immédiat qui ne connaissent que la face lumineuse du conjoint : « Les gens ont tendance à croire que vous exagérez, que vous délirez, et cela fait très mal », témoigne une personne brisée par « ce malade qui ne faisait preuve d'aucune tendresse », n'était capable que de « comédies, de méchanceté, de haine ».

Parfois même, le sujet pervers se fait passer pour victime, inverse sans scrupules les rôles, pour consolider son emprise, garder le contrôle sur l'être qui montre des velléités de fuite, quand le point de non-retour est atteint : « Quand le bourreau aux yeux de l'entourage se fait passer pour la victime, qu'en est-il de la vraie victime qui doit, de plus, accumuler une double souffrance ? », déclare une patiente en séance. La « mort psychique » qu'elle évoque est aussi « liée à l'incompréhension de l'entourage qui l'accable de tous les maux ». « Que faire lorsque l'entourage prend le parti du bourreau ? », interroge une autre personne… Le conjoint à l'identité mal assise peut perpétrer son œuvre de « boucherie héroïque » en toute impunité.

Si le sujet pervers fascine, appâte, manipule à ravir, pourquoi tolérer l'inadmissible autant de temps ? Quelles sont les raisons profondes qui expliquent cette constance dans la souffrance, cette incroyable détermination à caractère masochiste et, finalement, ce sens de l'irrespect de soi ?

⁂

Les répétitions **du passé**

Gageons que si un individu courbe l'échine de nombreuses années, c'est qu'il vit dans une culpabilité permanente que son passé permet d'éclairer. Si le partenaire pervers narcissique s'est vu abusé, dans son enfance, dans son intimité par un éducateur qui n'a pas eu de limites et n'a pas respecté sa personne, le sujet qu'il soumet a, quant à lui, été nié, ou du moins s'est senti tel. C'est ce qui explique que la rencontre soit possible et fructueuse : un être non flatté dans son narcissisme primaire dans l'enfance est souvent subjugué par celui qui a été trop regardé, trop caressé – trop mais mal aimé… Autrement dit, le sujet pervers, qui est du côté du « trop », sans le savoir, attire comme un aimant le sujet névrosé qui est du côté du « rien », mais a conscience de ses difficultés d'être et cherche désespérément cette personne qui pourrait enfin combler le manque, réparer la blessure du sentiment d'abandon. Aucun couple de ce type n'est le fruit du hasard, ce sont deux inconscients qui se rencontrent pour bricoler un équilibre sur le fil tranchant d'un rasoir qui ne fait pas de cadeau.

Bien souvent, les patients évoquent ce faux altruisme qui les a conduit à trouver des excuses, à patienter, à espérer que leur partenaire allait changer. « Comme toujours, innocente, je mettais cela sur le compte de la souffrance ! », lance une femme sur la voie de l'autonomie affective. Ces êtres capables de résister à tous les types de harcèlement dans le couple n'ont pu développer, dans leur enfance, cette confiance en soi indispensable qui permet d'instaurer des limites, une fois adulte, à ceux qui n'ont pas le respect de l'autre. Ainsi traînent-ils ce talon d'Achille tout au long de leur existence, fêlure de cristal que le pervers narcissique, qui excelle dans l'art de lire en l'autre les faiblesses à peine enfouies et de repérer les qualités dont il fera ses choux gras, sait très bien déceler pour l'exploiter tant et plus.

L'ancienne douleur

Quel est ce talon d'Achille ? Pourquoi une telle culpabilité, qui pousse la victime à endurer des souffrances de type sadomasochiste, rejouées à l'infini, aussi bien dans sa vie privée que dans ses relations sociales ou professionnelles ?

Rappelons que le héros Achille, s'il fut ce guerrier brutal dont le dévouement n'eut pas de limites pour son ami Patrocle, fut bel et bien abandonné par sa mère Thétis, dans le Styx, fleuve entourant les Enfers, où elle avait commencé de le plonger pour le rendre invulnérable… Pelée parut et la mère laissa en plan son fils, dont le talon ne connut pas les avantages du fleuve !

Au commencement, donc, il y aurait un sentiment très fort d'abandon, ou du moins d'avoir été délaissé, sentiment plus ou moins avoué que les individus font resurgir dans le cadre d'une thérapie qui fait retour sur leur vie d'enfant ou d'adolescent.

Si le sujet pervers parvient à faire durer la guerre si longtemps, c'est que son partenaire a été blessé dans « son narcissisme primaire », au sens freudien : « L'amour des parents envers leur enfant, c'est le narcissisme qui vient de renaître », écrit Freud[38]. Tout se passe comme si, pour des raisons liées à l'absence psy-

38 Sigmund Freud, « Pour introduire le narcissisme », in *La Vie sexuelle*, Paris, PUF, 1999.

chologique ou physique – décès, éloignement, famille monoparentale –, l'enfant n'avait pu avoir accès à son narcissisme naissant et à celui de ses parents qui projettent, à ce moment très précis, leurs propres inassouvissements. Sans cet espace circonscrit par les mots, les gestes, la présence valorisante des éducateurs qui reconnaissent le « petit d'homme » ou la « petite mignonne », à l'égal de magiciennes qui toucheraient l'enfant d'une baguette magique pour lui préparer un destin favorable, l'enfant est une toupie qui tournoie dans le vide. Le silence est assourdissant dans la chambre noire et les matins livides où le sujet nié demande, appelle ce qui se dérobe, la voix, le regard, la chaleur des bras d'un père et d'une mère. Nié, sacrifié, le petit « sans famille » sera en grandissant une proie facile pour celui qui, quant à lui, aura vu son propre narcissisme flatté à l'excès ou son intimité bafouée.

La victime, c'est Cosette ou une Iphigénie moderne sacrifiée par le père – signalons pour la petite histoire qu'elle était promise à notre délaissé d'Achille ! Au masculin, c'est Pélops que son père sacrifia pour le servir à la table du banquet des Dieux… Bref, ce sont des êtres mis à mort métaphoriquement, renvoyés au degré zéro de l'estime, de la conscience et de l'amour de soi : pour aimer autrui sans excès ni compensation, encore faut-il avoir une idée positive de soi afin de pouvoir partager une vie commune et échanger avec un être capable d'aimer, de donner et de recevoir. À défaut, la quête amoureuse se transforme en une recherche inconsciente du père idéal ou de cette mère aux seins felliniens, du « père préhistorique » freudien. Les sujets mélancoliques, nostalgiques de ce qui n'a pas été, caractérisés par ce sentiment que définit bien le mot portugais *saudade*, feront un malheur auprès du pervers amoureux, de ce prestidigitateur qui offre une image fascinante à ceux qui doutent consciemment d'eux-mêmes. Habituée dès les jeunes années au silence et à l'isolement affectif, la personne harcelée saura d'autant mieux résister aux évidences : privée de reconnaissance durant l'enfance, elle ne peut vivre qu'avec un partenaire qui ne la reconnaît pas, d'autant plus que le seul plaisir, paradoxal, qu'elle connaisse est celui de cette solitude affective, dont elle a fini par faire, enfant, un vrai compagnon, comme pour tromper la souffrance. La rencontre est fatale, entre celui qui n'a pas confiance en lui mais le sait et le partenaire pervers qui doute de lui-même sans le savoir... « Plus on est atteint, moins on le sent », écrit Sénèque[39] à propos des « maladies de l'âme ».

Une autre raison pousse ces êtres sacrifiés à s'attacher à ce type de sujet : le refus inconscient d'en finir avec la « toute-puissance ». Cette attitude remonte aux heures du « narcissisme secondaire », quand vient le moment où l'enfant doit se frotter à une image extérieure, parce que la vie l'impose. Il va bien sûr se comparer à cet « idéal ». C'est une véritable épreuve, que d'apprendre à accepter « qu'il n'y a pas que moi ici », et que le « premier objet d'amour », la tendre mère, pose son regard sur d'autres personnes, un frère, une sœur, un conjoint, un ami... Que de luttes alors pour tenter de reconquérir ce paradis perdu, cet âge d'or de l'amour instantané, exclusif, pour le petit Adam ou la petite Ève chassés du paradis ! Tout se complique quand on vous expulse du jardin des délices sans négociations, sans accompagnement, sans y mettre des mots et des gestes mesurés. Tout parent se doit, s'il est clair vis-à-vis de lui-même, d'engager l'enfant, tout en le sécurisant, à accepter le « principe de réalité », le sens de l'autre et du partage, pour qu'il puisse renoncer à ce fantasme de la « toute-puissance » responsable de tant de conflits individuels et collectifs.

39 Sénèque, *Lettres à Lucilius*, Paris, Flammarion (GF), 1992.

Combien de frères ennemis, de Polynice et d'Étéocle prêts à la lutte fratricide, d'Antigone vouant leur vie à l'image du père et du frère ? Combien de patients voués à se sacrifier sur l'autel de la mélancolie narcissique, avec le partenaire pervers comme tortionnaire ? Le sujet qui participe en victime à ce lien destructeur est, on le voit, une proie tout indiquée : condamné à rechercher cet « obscur objet du désir » qui a fait défaut dans l'enfance, il est prêt à tous les sacrifices pour être aimé par un individu qui offre, à l'extérieur, tant d'aplomb, de brillant, héros ou héroïne digne d'attirer les regards. Dans l'intimité, quand le masque tombe, le conjoint sous influence peut continuer d'aimer sur le schéma mis au point pendant l'enfance, c'est-à-dire dans la solitude affective. Cela explique que ces relations peuvent s'inscrire dans la durée, car ce conjoint s'accroche à un partenaire infernal dont il dépend psychologiquement, dans la mesure où il lui serait extrêmement difficile de revivre une « séparation », d'être confronté à la perte.

Ce passé lui colle à la peau, il est condamné à demeurer nostalgique, à rester en quête de cette « chose d'amour » qui s'est dérobée comme un mirage aux premières heures de la vie. C'est cela qu'il cristallise sur le partenaire à profil pervers, qui ressemble étrangement au passé, parce qu'il ne gratifie pas, ne reconnaît pas, ne manifeste rien.

Enfin, le sentiment de culpabilité dont joue le diable sans amour est le lot quotidien du sujet mélancolique. S'il ne « transcende la douleur d'être séparé »[40] par ce qui viendrait exprimer sa souffrance, s'il ne la sublime pas (par la création musicale, picturale, littéraire…), il risque d'être la proie de tous les manipulateurs qui ont du mal avec eux-mêmes, donc avec l'amour.

40 Julia Kristeva, *Soleil noir*, Paris, Gallimard (Folio essais), 1989.

Il s'accrochera désespérément à cet être à la noire magnificence, qui fait du couple une nuit éternelle.

Ne pas être confronté à la « douleur ancienne » qui ferait retrouver « le temps perdu » des griffures de l'enfance : telle est la volonté inconsciente du conjoint victime. Il a fredonné très tôt la « complainte du mal aimé », il est donc prêt à tous les sacrifices pour rester dans l'ombre de ce partenaire fascinant dont il a cru qu'il lui apporterait sa lumière. Qu'importe si celle-ci s'avère artificielle, pourvu que, la nuit, des larmes voluptueuses ne resurgissent pas d'un passé enfoui dans les tréfonds de la mémoire et de l'inconscient.

Le lien pervers narcissique, ce n'est pas « parce que c'était lui, parce que c'était moi », comme l'écrivit Montaigne à propos de La Boétie, mais plutôt : « Parce que c'était ton passé, parce que c'était le mien. »

L'esprit de sacrifice

Un nouvel abandon ferait remonter à la surface les maux de l'enfance. Les conséquences qu'entraîne la peur de le revivre sont logiques : le partenaire amoureux passe son temps à renoncer à lui-même, pour exister aux yeux du sujet pervers terrorisé par cette « volupté de la différence conjugale » qu'évoque Ysé dans la pièce de Claudel, *Le Partage de Midi*[41]. Au fond, ce sont deux peurs qui se rencontrent, dans ce couple construit sur la difficulté identitaire. Le tyran fait de sa terreur une arme de guerre destinée à asseoir son pouvoir en culpabilisant le conjoint prisonnier de sa peur d'être délaissé. Que se cache-t-il, derrière cette capacité à encaisser les mauvais coups de l'amour trahi, en renonçant à soi, à ses désirs propres, au respect de sa personne

41 Paul Claudel, *op. cit.*

ainsi bafouée ? Quelle est la fonction de cette abnégation du sujet dominé ?

Si tous les soumis à tendance mélancolique ne se sacrifient pas jusqu'à la mort comme Tosca, Norma ou la Dame aux camélias, il semble qu'ils vivent la mort de leurs désirs, de leur personnalité profonde, engagés qu'ils sont à rechercher un geste, une parole, un sourire de reconnaissance. En fait, ils sont eux-mêmes peu capables de se donner vraiment à l'autre, car ils demeurent inconsciemment fidèles à ce « premier objet de l'amour » qui s'est dérobé dans l'enfance, n'a pas répondu à leurs premières attentes narcissiques. À travers leur partenaire d'amour, c'est bien après Cybèle, cette « grande mère » déesse de la fertilité, ou après le père symbolique, qui leur a échappé, qu'ils courent. Aussi leur altruisme démesuré n'est-il qu'un placebo qui apaise leur souffrance de mal aimés, mais les empêche de faire une vraie rencontre amoureuse où l'échange et le don de soi seraient possibles. Antigone épuise son énergie et ses années, refoule ses désirs propres, à rester fidèle au père, Œdipe, et au frère, Polynice…

Sous les apparences de la docilité, mais aussi de la servitude zélée, se cachent en eaux profondes des réserves de frustrations, de haine, de ressentiments rentrés… « Nous sommes si accoutumés à nous déguiser aux autres qu'enfin nous nous déguisons à nous-mêmes », écrit La Rochefoucauld. En effet, le sujet sous influence, pour désamorcer son angoisse d'avoir à revivre une séparation, a enterré au fond de son être ses désirs personnels, ses envies, ses volontés, tout ce qui lui est singulier. D'année en année, au contact du partenaire malade, qu'il sert aveuglément sans se mettre à l'écoute de sa voix intérieure, les frustrations grandissent, se multiplient. Seul le sacrifice de soi au quotidien permet de compenser, de faire taire la plainte douce-amère qui se transforme progressivement en un chant de haine réduit au silence. Si ce dernier sentiment s'exprimait, la personne abîmée psychiquement et parfois physiquement serait sur le chemin de la libération. De nombreux patients laissent d'ailleurs éclater le ressentiment, arme de la révolte nécessaire, lorsqu'ils ont suffisamment avancé vers la reconquête d'eux-mêmes, une fois que le sursaut et la lucidité ont fait leurs premiers pas vers l'autonomie affective. « La haine qui détruit la communauté amoureuse pour faire place à un autre genre de vie. Telle est la fonction de la haine : détruire ce que l'état naissant avait créé. »[42], l'expression d'un sentiment négatif indispensable à l'apprentissage d'une nouvelle confiance en soi et d'une consolidation du moi… Une patiente en fait état : « [Cette] haine que je possédais aussi vers la fin de notre vie commune [s'adresse] à moi-même [et provoque un] sentiment de mal-être, une aigreur acide. » Tout se passe comme si le fait de s'autoriser à exprimer un sentiment négatif permettait d'ouvrir les yeux sur ces années de soumission et d'irrespect de soi.

Le visage de ce renoncement et de ce sens de l'abnégation ressemble aux têtes de l'hydre. Il s'en invente toujours un autre, en fonction des aléas et des circonstances de la vie à deux que détériore le pervers, qui joue avec les événements avec une préférence avouée pour les scénarios dramatiques. Le conjoint piégé se sacrifie d'autant plus que les agissements de Méphistophélès excellent à renforcer le sentiment d'infériorité qu'il développe. « Je me sentais si peu à la hauteur », répètent à l'envi ceux et celles qui ont choisi d'apprendre à vivre autrement, et à en finir avec la culpabilité et la tristesse, ce masque de la colère rentrée. Obéir pour éviter le miroir, c'est se mettre au service du partenaire qui dicte sa loi sans scrupule, le servir

42 Francesco Alberoni, *op. cit.*

et répondre à toutes ses attentes. Une patiente témoigne de la docilité servile avec laquelle elle sut subvenir aux besoins de son conjoint tyrannique, lui assurant le confort, lui évitant les soucis de la vie matérielle, transformée en cameriste, soubrette, cuisinière, femme de ménage, bonne à tout faire. Ce dévouement absolu de Cendrillon adulte s'exerçait dans le cadre d'atteintes inacceptables à la personne et à sa dignité, cet homme jamais satisfait « se délectant de propos orduriers », ayant recours aux menaces, aux insultes et au dénigrement systématique dans une relation de maître à esclave.

Ce sens du renoncement, qui exprime combien la personne sidérée doute d'elle-même et par lequel elle pose un pansement sur une douleur ancienne, peut aussi passer par l'esprit de prodigalité : « Je lui faisais des cadeaux à toutes les occasions, même sans raison, pour tout juste un merci. » La tendance à la dépense inconsidérée et le don de soi par le truchement du présent sont une manière de compenser, pour l'individu qui pense « avoir mérité » son sort, du fait de son « infériorité » face au sujet pervers. « Je ne te conseille pas de faire à ton amie des cadeaux somptueux... », écrit Ovide dans *L'Art d'aimer*[43].

Le sacrifice de soi passe aussi par d'autres chemins, lorsque le sujet harcelé bénéficie d'une autonomie financière et de capacités intellectuelles lui permettant de se bricoler une liberté en trompe-l'œil. Les « vies parallèles » qui rendent plus vivable la douleur d'avancer en solitaire dans la vie à deux, sont alors au rendez-vous, choisies davantage par compensation et sens de la protection que par désir. Les sujets dominés se divertissent, au sens pascalien, c'est-à-dire qu'ils trompent leur misère en se jetant à cœur et à corps perdus dans leur activité professionnelle, qu'ils surinvestissent. Ils deviennent d'ailleurs la proie de

43 Ovide, *L'Art d'aimer*, Paris, Mille et une nuits, 1998.

certains manipulateurs qui exploitent cette énergie du désespoir, dans les entreprises où ils sévissent, comme l'a démontré Marie-France Hirigoyen dans son ouvrage sur le harcèlement moral[44]. De même, ils s'investissent de façon passionnelle dans des activités culturelles ou sportives, qui sont ce que le voyage est aux yeux de Baudelaire, qui sait que « les vrais voyageurs sont ceux-là seuls qui partent pour partir ». « Si j'ai tenu le coup, c'est grâce à bien des passions intellectuelles, notamment la musique et autres activités dûment exploitées, aide précieuse pour ne pas mourir d'asphyxie mentale et morale », déclare une personne travaillant à la réappropriation d'une liberté intérieure, après avoir « résisté à un régime destructeur trente-trois ans durant » auprès d'un conjoint jouissant d'une position sociale et intellectuelle des plus enviables.

Une autre échappatoire permet de taire les frustrations, d'étouffer la haine dans l'œuf, sentiment auquel ne s'autorise pas le partenaire prisonnier de sa logique de culpabilité et de sa peur d'être délaissé. L'altruisme, l'une de ces vertus en forme d'« assemblage de diverses actions et de divers intérêts que la fortune ou notre industrie savent arranger », si l'on en croit La Rochefoucauld, est une manière d'éviter le miroir. Chacun sait qu'il n'est de véritable sens de l'autre et de compassion que lorsque l'on a mis ses propres souffrances à plat, pour pouvoir aider autrui de façon plus neutre. « Faire passer les autres avant soi-même », comme le lâche une patiente, est très souvent une stratégie d'évitement de soi et de la souffrance engendrée par l'échec de la vie de couple, en ces lieux d'ombre où le pervers joue, perd, ou gagne trop souvent sur le dos de ceux qui sont esclaves de leur passé. « Charité bien ordonnée commence par soi-même » : ce n'est qu'à ce prix que commence l'amour de

44 Marie-France Hirigoyen, *Le Harcèlement moral dans la vie professionnelle*, Paris, UGE/Pocket, 2002.

l'autre, ce frère humain. Le véritable sens d'autrui ne peut faire l'économie d'un retour sur soi, d'un questionnement sur soi humble.

Abdiquer sa personnalité, manquer de respect à soi-même, à cause de cette peur de l'abandon qui colle à la peau, tout cela passe aussi par une forme d'avilissement consenti. Quand le partenaire en vient à des actes terroristes qui attentent à la liberté d'agir, d'être et de penser, le sujet qui les subit se nie lui-même. « Si d'aventure je me repose, il se met en colère et devient presque violent : il entre dans la chambre pour un oui et pour un non, fait hurler la radio, insinue auprès de ses relations que je suis une malade mentale. Il se comporte comme si tout lui appartenait, je ne suis pas autorisée à déplacer ni à utiliser quoi que ce soit, à parler au téléphone sans qu'il puisse écouter. Personne ne vient nous rendre visite et nous n'allons nulle part. Il est souvent grossier dans l'intimité, et passe son temps à mentir. » Ce témoignage édifiant, qui peut paraître caricatural, renvoie pourtant à la réalité. Vient le jour où des questions inondent la conscience, où le conjoint violenté, à la lumière des discours, des livres ou des émissions qui abordent le thème du harcèlement moral, fait des rapprochements… Comment casser le schéma de cette relation épuisante et destructrice, quand la culpabilité et la peur rentrée de l'abandon réduisent au silence ?

※

-4-

CONSTRUIRE **LA SÉPARATION**

Rompre **l'isolement**

Qu'en est-il de ces êtres incapables de trouver la moindre porte de sortie ? « Dénoncer ces broyeurs du mental » d'autrui : ces mots reviennent, dans la bouche et dans les nombreux courriers de ceux et de celles qui ont vécu l'enfer conjugal durant des années et entrevoient qu'il est difficile mais possible d'apprendre à vivre autrement. « Aujourd'hui ma conscience de moi-même est enfin éclose… Je me donne le droit au bonheur, le droit de ne plus me faire démolir par les autres », déclare une patiente qui ajoute combien il est difficile d'être clairvoyante dans la solitude. Autant dire qu'il est fondamental que toute personne sous influence soit soutenue, aidée.

Accuser le choc

Quelles sont donc les phases par lesquelles le conjoint doit passer pour déconstruire ce lien pervers qui a tenu lieu de couple, pour se libérer de l'emprise et gagner une autonomie ? Il s'agit de construire la séparation en passant par une véritable rééducation de soi-même. « C'est comme réapprendre à marcher après avoir été sur un fauteuil roulant pendant des années », affirme une ancienne victime. On ne reste pas impunément soumis de manière fortuite, même si la réalité offre mille bonnes raisons de ne pas quitter l'antre où le malheur de vivre et d'aimer est le lot quotidien. Pourtant, les cœurs malmenés témoignent combien la prise de conscience, ce sursaut libérateur, se vit souvent dans la souffrance. La lucidité naissante éclaire la vie quotidienne à la manière de rayons solaires qui viendraient frapper la caverne, d'une lumière parfois agressive. « Que de temps perdu ! de souffrances endurées ! Il n'y avait rien à attendre de ce genre de monstre ! », témoigne une épistolière dans une lettre adressée à l'Association contre le harcèlement moral[45]. Découvrir que l'on a vécu une relation de couple caractérisée par le lien pervers narcissique met en état de choc. Ce sursaut est nécessaire. C'est un premier pas vers « les chemins de la liberté ».

Se recentrer sur soi est donc fondamental. Cette attitude mentale est d'autant plus difficile à cultiver que les années vécues dans la culpabilité et le sentiment d'infériorité entretenu par le conjoint ont laissé des traces. Il est d'autant plus difficile de casser le schéma où chacun joue son propre rôle que le sujet pervers, se sentant démasqué, multiplie les occasions de conflits et de harcèlements sous toutes leurs formes, et persiste à insinuer le doute : « Tu es malade, Nora. Tu as la fièvre. Pour un peu, je croirais que tu as perdu la raison », déclare, dans la pièce d'Ibsen[46], Helmer à son épouse décidée à ne plus être son jouet. « Je ne me suis jamais sentie aussi lucide et sûre de moi », répond-elle. Combien de conjoints assujettis

---

45 Association de défense contre le harcèlement moral (ADCHM), 23 rue Nicolo, 75116 Paris. Tél. : 01 45 04 74 51.

46 Henrik Ibsen, *op. cit.*

ont-ils la possibilité d'énoncer de telles paroles ? Nombreux sont ceux qui évoquent les actes terroristes qu'ils subirent, lorsque leur partenaire fut confronté à leur résistance et à leur désir de changement. Harcèlement téléphonique ou coupure de la ligne, isolement physique, dilapidation du compte joint, prise en otage des enfants, menaces de mort, etc. Autant de passages à l'acte symptomatiques, qui traduisent l'état de frayeur mentale dans lequel se trouvent plongés ceux qui ont besoin du lien pervers narcissique pour exister et consolider une identité fissurée en exerçant une emprise qui rassure.

Sortir du silence

Dans un premier temps, il est nécessaire d'éviter l'isolement, pour ne pas retomber dans la toile d'araignée du partenaire dont la peur intérieure atteint son apogée et le rend prêt à tout, pour récupérer son pouvoir d'influence en insinuant le doute. Il faut sortir du silence. S'exprimer auprès d'une association contre le harcèlement moral permettra d'être mis en relation avec un spécialiste qui aidera à faire face aux situations d'urgence et à gérer au mieux les réactions du sujet pervers menacé dans ses prérogatives. L'entourage immédiat, s'il peut manifester de la bienveillance et avoir le sens de l'écoute, n'est pas l'interlocuteur le plus favorable. Plus ou moins partie prenante, en tout cas engagé sur le plan affectif, il ne dispose pas du recul nécessaire pour entendre ce qui se dit au-delà du discours, dans la mesure où il risque, sans en avoir conscience, de projeter sa propre histoire. Pendant cette première phase d'expression « du mal de vivre » et des souffrances mentales qu'occasionne la vie quotidienne avec un tel conjoint, il n'est nullement question d'engager immédiatement un travail sur soi en profondeur, car l'enquête effectuée dans ce territoire embusqué qu'est le passé affectif serait trop douloureuse à assumer. Cet approfondissement, s'il s'avère fondamental, peut être envisagé plus tard. Il s'agit seulement, dans un premier temps, de travailler à la réaffirmation de soi, pour « apprendre très rapidement à identifier certains comportements, à les éviter et à les dénoncer si possible », déclare une ancienne victime.

« Confiance en toi », dicte Ovide dans *L'Art d'aimer*... C'est à cette attitude mentale que le sujet éprouvé doit s'atteler durant toute la période où il doit rester en contact quotidien avec son partenaire démasqué. Sortir du statut de victime, c'est apprendre à penser à soi, à ne pas fuir le questionnement par l'échappatoire que constitue l'altruisme. « C'est donc moi, mes actes, mon propre environnement qui sont importants », affirme une femme qui a vécu longtemps auprès de celui qu'elle qualifie de « décideur tyrannique ». Il s'agit de faire table rase du portrait en trompe-l'œil que le conjoint pervers a fabriqué de toutes pièces pour asseoir son « pouvoir du faible ». Ne plus douter de soi pour faire face aux situations d'urgence, revient d'abord à douter de ce que l'autre énonce, martèle, affirme, autrement dit à inverser les fonctions, donc à ne plus accorder de crédit à ce qu'il pense. Il s'agit de poser un regard diamétralement différent sur l'être malade qui a assassiné les sentiments.

Dans un premier temps, le spécialiste interviendra pour aider à ne plus adhérer aux suggestions du manipulateur, à sortir de cette relation pathologique dont les instances sont la culpabilité et le sentiment d'infériorité, fleurs malades que le pervers narcissique excelle à faire pousser sur le territoire de l'amour avili. « Je devais faire confiance à ce cerveau, mon instinct de survie », écrit un conjoint en souffrance.

Tenir le partenaire à distance durant cette première étape vers la reconquête de soi peut aussi passer par l'expression écrite.

« J'ai envie de hurler ! », déclare une personne en souffrance, à un spécialiste qui l'engage à passer à l'acte. « Je ne peux pas ! », répond-elle. « Alors essayez par écrit. » Mettre des mots au jour le jour sur ses souffrances, laisser la plume dire ce qu'elle a à dire, sans autre souci que de pratiquer une forme « d'écriture automatique », permet non seulement d'évacuer les émotions douloureuses, mais aussi de se mettre à distance et de gagner en lucidité. Carnet de notes, carnet de bord, journal intime, carnet de mémoire… Autant de genres où se déclinent de mot en mot les souffrances intimes et les attitudes du conjoint pervers, de jour en jour, d'état d'âme en humeur, de stratégie en manipulation. L'écriture se fait progressivement l'instrument d'une libération intérieure qui mène alors sur les chemins d'un autoquestionnement, durant cette période d'entre deux mondes, où aucun changement de vie n'est encore envisagé. Construire la séparation mentale et physique demande du temps.

L'urgence d'un soutien thérapeutique

Il sera question en premier lieu d'un soutien psychique, qui se réalisera au cours d'entretiens avec un thérapeute formé à ce type très particulier de prise en charge, comme l'explique le docteur Anne Sachsé, médecin psychanalyste. À ses yeux, ce soutien permet à la personne éprouvée, comme cela a été dit, de trouver un lieu pour exprimer sa souffrance, laquelle doit être entendue et reconnue. Cela est fondamental.

En effet, prendre du recul quand la vie quotidienne rime avec enfer, engage à adopter des attitudes, des gestes et des stratégies langagières qui éviteront de développer les conflits et permettront de gérer les situations d'urgence. Le conjoint manipulateur, comme nous l'avons souligné, est souvent prêt à des actes limites pour sauvegarder et consolider son pouvoir du faible menacé par la clairvoyance. Aussi le système de surveillance de la cité interdite se renforce-t-il. Insinuations, malveillance, irrespect, menaces, insultes, chantage, violence morale aux mille et un visages atteignent leur apogée. Ces symptômes traduisent l'état de panique intérieure qui fait déraper tant et plus le sujet pervers accroché à sa puissance de fantoche. Le partenaire est ainsi « en danger psychique et physique ». En péril psychique, car « la répétition usante des agressions et des manipulations finit par épuiser les réserves nerveuses du sujet ». Ainsi, « la violence des forces mises en œuvre par le sujet pervers pour le déstabiliser traverse toutes les protections indispensables au maintien de son équilibre ». Le sujet se voit violé dans son « espace psychique et mental, car le caractère d'urgence que crée en permanence le sujet pervers mobilise et capte toutes les forces psychiques de la personne, qui se retrouve, comme dans toute situation de choc, dans l'incapacité de penser. En effet, le conjoint, dérouté, surpris, peut connaître un véritable état de sidération et devenir alors totalement manipulé. Pris dans une situation d'agression, le sujet, dépossédé de lui-même, est conduit à exprimer des sentiments et des défenses qu'il n'aurait jamais pu imaginer, comme s'il se trouvait soudain dans le scénario tragique d'un mauvais film. »

La personne en souffrance se trouve de même en danger physique, comme le souligne Anne Sachsé : « Cette mise en danger ne se limite pas aux seuls effets – coups et blessures – générés par la violence physique du partenaire ; elle s'inscrit de manière insidieuse et profonde dans les éprouvés du corps. La violence ne pouvant être évacuée dans un mouvement réactionnel de légitime défense, elle s'accumule et génère de nombreux troubles psychosomatiques, migraines, maux de ventre, insomnies, irritabilités, etc. » Aussi les entretiens auront-ils pour objectif, comme l'explique la psychanalyste, « de restaurer le sujet dans sa capacité de penser et de lui permettre de prendre les distances nécessaires, mais aussi de l'aider à reprendre confiance en lui-même en le reconnectant à ses ressources profondes ».

Enfin, ils lui permettront de se protéger au mieux, tant que la décision de la séparation n'est pas mûre. Ils l'aideront à rester le plus neutre possible, à ne pas répondre à l'agressivité par l'agressivité, et à éviter les pièges. Le calme, le silence, les propos mesurés qui engagent l'autre à renouer avec le principe de réalité sont les attitudes à adopter pour éviter l'escalade : au jeu de la violence morale, de l'insulte et de l'agression, le tyran est toujours gagnant, car il est privé d'affects positifs. Seules la haine et la colère, dictées par la peur, s'expriment. Il ne s'agit pourtant pas de développer des « intentions apaisantes », car elles « excitent la rage et la fureur du sujet pervers », affirme le docteur Sachsé. Ne pas donner prise, refuser le scénario de la violence verbale : ce sont là les moyens qui évitent de se blesser sur le ring où l'agresseur finit par se trouver seul en scène et finalement désarçonné.

Parvenir à considérer l'agresseur comme un comédien qui se bat finalement contre lui-même, aide à maintenir la bonne distance, à démonter les mécanismes de la « machine infernale ».

Vers l'autonomie **affective**

Comprendre la situation

« Il faut que je réfléchisse moi-même à ces choses et tâche de voir clair en elles », affirme Nora, l'épouse chosifiée, à Helmer le manipulateur[47]. Une fois le choc accusé, et la détresse communiquée, vient le temps de l'interrogation sur soi-même, des questions sur le passé. Il n'est toujours pas opportun, à ce moment, d'engager un travail thérapeutique de type analytique qui réactualiserait trop vivement des souffrances antérieures. Ce type de démarche doit être envisagé lorsque le sujet a avancé sur le chemin de la réaffirmation de lui-même, laquelle permet de faire face au partenaire pervers durant toute cette période où se vivent le deuil de la relation et la préparation à une séparation de fait. L'enquête en profondeur peut intervenir quand il est question de faire redémarrer sa vie autrement. En revanche, « l'important est de trouver des outils thérapeutiques visant à retrouver le chemin de l'affirmation de soi », ajoute le docteur Philippe Wuthrich, psychiatre comportementaliste.

Pourtant celui qui relève la tête lentement peut tenter, dans « l'arrière-boutique », et lors des entretiens thérapeutiques visant dans un premier temps à traiter les symptômes et à accompagner la souffrance, de se poser des questions sur lui-même, pour se mettre à distance des agissements du sujet pervers,

47 Henrik Ibsen, *op. cit.*

qui renforce d'autant plus son dispositif de manipulation et de surveillance qu'il sent l'autre lui échapper. L'important, durant cette phase qui suit l'état de choc, est de poser sur soi un regard positif, de faire l'apprentissage de la confiance, de ne pas douter de ce que l'on croit, de ce que l'on pense. S'autoriser à accueillir les sentiments négatifs, laisser libre cours au ressentiment, au mépris, à la haine, pour commencer à s'affranchir mentalement, à se libérer de l'autre. Ainsi le pouvoir d'emprise du partenaire tyran se voit-il annulé, du fait que le conjoint récupère, parce qu'il est entré dans une phase de révolte intérieure, ses capacités de jugement, son sens critique, ses facultés de discernement.

Se poser des questions pour avancer vers le « crépuscule des idoles », pour mettre l'autre à distance et se protéger de ses agissements destructeurs, c'est aussi commencer à comprendre pourquoi on a participé à l'élaboration de ce lien pervers. Pourquoi avoir assumé le rôle de la « victime consentante » pendant de si longues années ? Le sujet peut commencer à mettre en relation son passé, ses jeunes années avec ses choix affectifs d'adulte. Comment a-t-il vécu ses relations avec sa famille ? Comment lui a-t-on appris à aimer ? A-t-il eu le sentiment d'avoir été délaissé, par qui, à quel moment ? Comment a-t-il vécu les relations au quotidien avec ses frères et ses sœurs ? Quelles images garde-t-il de ses liens avec son père, avec sa mère ? Comment ses parents s'entendaient-ils ? A-t-il l'impression d'avoir voulu échapper à leur modèle, ou le reproduit-il ? Comment percevait-il la manière dont ses parents échangeaient, s'aimaient ?

Autant de questions que le conjoint décidé à trouver une issue peut commencer à se poser, au cours des entretiens avec le spécialiste. Comprendre que les choix amoureux sont souvent dictés par la manière dont on a été aimé dans l'enfance, est fondamental pour se libérer des suggestions inconscientes et sortir de la prison invisible dont seul l'inconscient possède les clés. Il va sans dire que ces questions ne sont que les amorces, les points d'accroche d'un travail intérieur en profondeur que seul un spécialiste peut amener à engager, une fois passé l'état d'urgence.

En effet, ces questions qui montent à la conscience, dans le cadre des entretiens thérapeutiques, permettent, comme l'explique Anne Sachsé, de « repérer et de comprendre ce qui, dans l'histoire du sujet – carences affectives, deuil, sentiment d'abandon, séparation – l'a exposé à vivre et à tolérer une telle situation. L'étude de nombreux patients se retrouvant pris dans la folie du partenaire pervers a révélé que leur tolérance face à cette situation est souvent d'une durée inconcevable pour une personne ayant connu une enfance dite normale. Il s'agit pour lui de la répétition d'un trauma qu'il subit au même titre que ceux qui lui ont été infligés à un âge de sa vie où il ne pouvait ni protester ni se défendre. Pour toutes ces raisons, le sujet exposé à la relation traumatique perverse a tendance à faire preuve non seulement d'une tolérance, voire d'une passivité, mais aussi d'une sorte de déni des souffrances éprouvées. Non seulement il minimise la gravité des situations, mais il réitère à chaque fois l'espoir fou de trouver en lui-même les mots, les attitudes pour apaiser son conjoint. […] À chaque crise il échoue et se retrouve encore une fois un peu plus gravement entamé. »

Le travail en groupe

Cette possibilité offerte aux personnes éprouvées par la relation perverse narcissique est des plus précieuses. En effet, le travail en groupe, qui intervient dans le cadre de séminaires, apporte un complément indispensable. Comme le souligne le docteur Philippe Wuthrich, « c'est avant tout un lieu d'échange et de partage où chacun se voit donner la possibilité de dénouer son drame et de prendre de la distance par rapport à son vécu ».

Il s'agit d'un groupe de parole, au cours duquel sont aussi proposés des « exercices de mise en situation inspirés du psychodrame afin de permettre à chaque participant de découvrir en lui-même les stratégies de comportements et de paroles lui permettant d'aller vers l'issue du conflit. Des conseils précis quant aux conduites à adopter seront prodigués pour sortir de cette situation explosive. Il n'est en effet pas inutile d'avoir recours à la métaphore du *déminage*, car on sait bien que chaque parole et chaque mouvement peuvent être interprétés de façon négative par le partenaire et réutilisés dans une tactique de retournement constant. Le déminage consiste à tenter de sortir du piège avec beaucoup de subtilité, quitte à jouer "profil bas" pour ne pas mettre le feu, voire refroidir. Le travail le plus délicat est de désactiver ce noyau explosif, violent, destructeur, meurtrier. » Enfin, il s'agit, pour « parvenir à désactiver les effets de la relation, d'aborder un véritable travail de deuil, celui de la relation et de la personne aimée, afin de pouvoir considérer cette dernière comme pathologiquement atteinte », souligne Anne Sachsé.

Vient le moment où la détermination à déconstruire la relation est mûre. Il est alors question d'avoir recours à la loi, et de redémarrer sa vie autrement. Apprendre à vivre en se respectant suffisamment pour construire une vie affective épanouissante ne s'improvise pas. Il s'agit de parler une autre langue affective, celle de l'accueil de l'autre et du véritable échange fondant la relation humaine. « Le problème est que si je suis libérée de ce malade, j'ai beaucoup de mal à vivre normalement. Je n'arrive plus à faire confiance au sexe opposé en général, je développe de la méfiance, je me protège », déclare une personne en travail.

« Divorcer ? Pas si simple lorsque soi-même on doute et que l'on ne peut croire à de telles horreurs ! », avoue un conjoint dans sa lettre de témoignage.

※

Sortir du piège

Les parades indispensables

La séparation est souvent engagée sur l'initiative de la personne agressée, même si les chemins de la liberté sont semés d'embûches. Certaines victimes soumises à une emprise trop forte ou trop ancienne sont incapables de fuir et de combattre. Elles veulent seulement « tenir le coup » afin de supporter leur situation d'asservissement sans trop symptômes et continuer à garder à l'extérieur la tête haute.

La première attitude à adopter est de ne pas se laisser atteindre par les tentatives de déstabilisation, quelle qu'en soit la forme. Si vous êtes bombardé de critiques ou de reproches, ayez le réflexe de ne pas rentrer dans le jeu, de refuser ce mode de fonctionnement pervers. Laisser le partenaire s'acharner seul sur vous permettra de rompre progressivement avec le scénario du bourreau et de la victime. L'important, c'est que vous soyez suffisamment sûr de vous pour ne pas adhérer à son discours négatif et agressif.

La seconde attitude consiste à prendre de la distance en réfléchissant à cette phrase : « Se détacher, c'est se l'attacher », conseil très précieux pour qui ressent encore de l'amour. Ainsi, peu à peu, affichez de plus en plus d'indifférence aux tentatives de déstabilisation et de dévalorisation. Ne vous laissez pas entamer. Il ne faut jamais oublier que si votre partenaire développe de l'agressivité, c'est parce qu'il se sent faible ou dépendant. Et s'il vous a choisi, c'est aussi pour votre force qu'il cherche à phagocyter...

En finir avec la culpabilité

En chaque victime grandit le spectre de la culpabilité, qui entraîne avec elle une foule d'inhibitions. N'oubliez pas que la victime idéale est une personne consciencieuse, ayant une propension à culpabiliser. Elles sont dévouées et acceptent peu que les autres leur rendent service. Ce souci de bien faire crée le lit de la culpabilité et des interdits. Acceptez très vite l'offre des autres, leur aide, et mettez rapidement un terme à votre perfectionnisme.

Ainsi, conforté dans l'idée que vous pouvez compter sur vous, sur ce que vous êtes, vous pouvez parfaitement renverser les rôles. Avec de l'aplomb et de la fermeté, il sera temps de dire que cette situation ne peut plus durer, de poser des limites, avec l'argument du respect d'autrui fondamental dans toute relation humaine. Poser un ultimatum sera nécessaire pour le pousser à prendre des mesures, à s'amender. Car ces terroristes de l'affectif dépriment quand ils se sentent abandonnés. À moins qu'il faille en arriver à envisager une séparation définitive.

Avant de redémarrer sa vie

La directive pour se sortir de cet enfer familial est de préparer son dossier dans discrétion la plus absolue, bien sûr avec l'aide de l'avocat, et au moment décisif, de procéder à une mesure d'urgence.

Pour parvenir à la prise de décision de la séparation, il reste beaucoup à faire. Il faut que le détachement affectif ait été largement amorcé. En effet, toutes les démarches juridiques demandent un réel effort. C'est pourquoi il faut impérativement que vos blessures d'amour soient un peu cicatrisées.

Avant cette décision ultime, vous avez sans doute tenté les démarches afin que votre partenaire change. Vous avez consulté des thérapeutes et des médecins, espérant trouver la potion magique pour le changer. La désillusion a, la plupart du temps, été au rendez-vous. Pourquoi ? Tout simplement parce que ce harceleur, dit encore pervers narcissique, est piégé dans sa toute-puissance, et ne supporte aucune remise en question. Pourquoi devrait-il changer, alors que c'est l'autre qui est responsable de tous les maux ? Ainsi, les séances de médiation ou de thérapie familiales se soldent souvent par un retournement de situation contre la victime.

Face au psy ou médiateur, le bourreau se transforme en victime, comme par magie. Non, il ne changera pas. Sa manipulation et sa capacité à séduire auront toujours autant d'impact lors des premières rencontres avec les conciliateurs. Pour sortir de l'engrenage, la seule solution est de recouvrer l'estime de soi afin de ne plus être happé par sa séduction diabolique. De plus, l'énergie qu'il vous vampirisait doit vous accompagner pendant toute la durée de la séparation. En effet, lorsque vous aurez quitté votre statut de victime, ce sont les enfants qui, à leur tour, deviendront les proies du manipulateur. Refusez, contrairement à la tendance actuelle, la garde alternée. C'est souvent un moyen de vous fragiliser et de ne pas payer de pension alimentaire.

Face à la justice qui ne panse pas les blessures de l'amour, les preuves sont indispensables. Il faut constituer un dossier et consulter en amont un avocat qui vous conseillera sur les pièces à fournir. Toute cette préparation doit s'effectuer dans le secret.

En cas de violences physiques, n'hésitez pas à déposer des mains courantes auprès du commissariat le plus proche de votre domicile, car cet acte laisse une trace confidentielle de la violence subie, quelle qu'elle soit. Consultez de même un médecin pour qu'il établisse un certificat de signalement attestant des dommages corporels. Faites faire des déclarations écrites à tous ceux qui ont été témoins de vos humiliations et de vos dévalorisations.

Tant que le climat n'est pas suspicieux, repérez chez votre partenaire ses transactions financières, bien souvent frauduleuses. Les pervers sont dotés d'une grande avarice et d'une incapacité à donner quoi que ce soit ; ils se rendent souvent insolvables en cas de séparation. Dans la plus grande discrétion, photocopiez les reçus de carte Bleue, les bulletins de salaire et tout ce qui pourrait vous donner des indications sur son mode de vie occulte, tant professionnel que privé. Surtout, économisez afin de préparer l'après-séparation.

Ce qu'il faut faire avant, pendant et après, pour souffrir le moins possible...

Lorsqu'il est question d'en finir, comment divorcer sans tout casser ?

La demande en divorce ne doit jamais s'effectuer dans un accès de colère, mais s'énoncer en revanche dans un endroit neutre. Tout psychologue le confirmera : continuer à vivre ensemble quand l'amour a déserté est pire que de devoir endurer la souffrance – provisoire – d'un divorce. Et cela même pour les enfants, qui sont toujours plus heureux avec deux parents séparés mais épanouis, qu'avec ceux qui s'obligent à rester ensemble pour eux.

Aujourd'hui, deux mariages sur trois se terminent par un divorce et le phénomène n'est plus, comme naguère, matière à scandale. Simplement, il faut apprendre à vivre du mieux possible cette période, avec ses douleurs et ses tensions, pour éviter de la transformer en traumatisme inguérissable. Divorcer sans tout casser est possible si certaines règles sont observées avant, pendant et après la procédure, afin de souffrir et de faire souffrir le moins possible.

Le désir de séparation et celui du divorce ne doivent pas être confondus. Il est donc nécessaire de se donner un délai de réflexion et de prendre un peu de recul. Tous les couples devraient avoir la sagesse de se séparer un mois à l'essai, avant de prendre une décision définitive et que la vie privée passe aux mains de la justice. Les partenaires peuvent-ils réellement se passer l'un de l'autre ? Voilà la question fondamentale.

Un mois de vacances vécu chacun de son côté constitue un bon test. Si la vie conjugale est décidément un enfer et si les incompatibilités d'humeur semblent irréversibles, il faut aussi savoir que chaque partenaire doit endosser sa part de responsabilité. Pour faire le point, le mieux est, comme nous l'avons vu, de recourir à une personne compétente : psychothérapeute, conseiller conjugal, psychologue… Ces spécialistes vous écouteront avec neutralité ; parler à tort et à travers de vos problèmes conjugaux avec votre entourage et vos amis ne serait pas la solution, car ces proches risquent de manquer d'objectivité.

Ce problème ne regarde que vous, personne d'autre. Aussi, vous faudra-t-il cultiver une tranquillité d'esprit avant d'affronter cet événement. Si le constat général s'avère finalement négatif, il sera de bon aloi de prendre une décision plutôt que de s'enliser dans un mariage qui finira fatalement par se briser. S'armer de courage, savoir qu'on peut s'appuyer sur soi est fondamental, car cette épreuve plonge les protagonistes dans une tourmente certes nécessaire et positive, mais qui perturbe fortement.

La demande « en » divorce ne s'énoncera jamais dans un accès de colère, lequel nuirait à la crédibilité du propos. La formuler devant des tiers mettrait ceux-ci dans l'embarras. Un endroit neutre, un restaurant par exemple, fera l'affaire, à condition d'être sûr que le ou la « futur(e)-ex » saura faire preuve de discrétion. Le cas échéant, rendez-vous sera pris dans un lieu public, mais discret. Avec fermeté et clarté, il sera question d'annoncer la décision autrement qu'à la va-vite, donc en évitant des phrases faussement détachées comme : « Tu m'accompagnes en courses, samedi ? Au fait, je divorce, il faudra qu'on en parle. Tu viens toujours chez Maman dimanche ? »

Il y a toutes les chances pour que le conjoint demande des explications. « Charger » l'autre en l'accusant de tous les torts – même si ceux-là sont nombreux – rendrait la démarche encore plus difficile... Aujourd'hui, le « divorce pour faute » est devenu désuet ; on se sépare de préférence par consentement mutuel, sur requête conjointe ou sur demande de l'un, avec acceptation de l'autre. Si un divorce pour faute s'avère inévitable, les conjoints traversent alors tous les deux des mois très difficiles. Et quand le consentement mutuel se termine en divorce pour faute, c'est dans la majorité des cas pour des questions d'argent. C'est la procédure de séparation la plus déstabilisante, elle dure le plus longtemps. Il existe aussi le divorce pour rupture de vie commune, qui s'obtient au bout de six ans de vie séparée.

Enfin, la plus délicate de toutes les épreuves sera d'annoncer la nouvelle aux enfants, le couple qui se défait devra affronter à deux. Ainsi, même si la situation est devenue intenable, les futurs divorcés devront-ils impérativement faire la paix, jouer la carte de l'amitié, au moment de leur parler.

En effet, les enfants peuvent en supporter davantage qu'on ne le croit, à condition d'y mettre les formes. Se présenter ensemble devant eux, expliquer doucement la situation dans un langage qui convient à leur âge, sans bêtifier, seront les impératifs. Les enfants détestent être pris pour des bébés… Il faudra trouver les mots pour dire que l'amour n'est plus là comme avant, qu'il a changé de visage en tout cas, et que la séparation est inévitable. Expliquer que la vie de tous va se trouver réorganisée, un peu comme un grand déménagement – cette comparaison présentant une perspective d'« aventure » qui peut contribuer à les consoler – sera votre tâche. Au besoin, il ne sera pas inutile de mentionner que monsieur ou madame Untel (votre conseiller conjugal) vous y aide.

Mais surtout, insistez sur le fait que pour eux rien ne changera, que Papa restera toujours Papa et Maman restera toujours Maman sera crucial pour éviter de culpabiliser les enfants et les rassurer. Après tout, un homme peut avoir été un époux déficient mais être, et rester un excellent père. Dire à ses enfants qu'ils auront simplement deux maisons au lieu d'une, deux fois plus de vacances, deux fois plus de Noëls ou d'anniversaires, constituera un discours sécurisant… Car ils n'ont en aucun cas à être les victimes de vos conflits, ni des confidents, car ils n'ont pas à prendre parti pour l'un ou pour l'autre. Les gagner à cause de l'un ou de l'autre en les apitoyant sur les malheurs de chacun serait négatif pour leur épanouissement. Enfin, ils ne devront jamais être utilisés comme messagers ou comme arbitres.

Et puis ne perdez jamais de vue que le bout du tunnel existe, car le divorce peut aussi être porteur d'espoir, chacun des conjoints étant inévitablement en marche vers autre chose.

L'intermédiaire entre ces deux mondes, c'est d'abord une période d'adaptation. Dans la plupart des cas, la mère aura la garde des enfants. Il s'agira de leur donner l'impression qu'ils peuvent aider leur mère à être plus heureuse, en leur demandant des petits services et en les encourageant avec des petites phrases comme : « Heureusement que je vous ai ! Qu'est-ce que je ferais sans vous ! »

Enfin, il est souhaitable de penser qu'un ex-mari ou une ex-femme peut et devrait rester un(e) ami(e). D'abord, parce que les anciens partenaires seront toujours liés par les enfants nés de l'union et que leurs parents doivent pouvoir à n'importe quel moment, se rassembler autour d'eux en cas de besoin ou de coup dur.

La médiation conjugale[48]

Nos concitoyens estiment de plus en plus que la seule fonction du juge qui est de dire le droit et de trancher le litige par application d'une règle abstraite, ne suffit plus.

Les modes de règlement amiables des litiges permettent d'offrir aux citoyens des réponses diversifiées et adaptées à leurs demandes afin de leur apporter l'écoute qu'ils attendent légitimement plutôt qu'un droit imposé et souvent redouté.

La médiation, mode alternatif de règlement des conflits, se présente en effet comme une manière nouvelle de traiter une situation conflictuelle et d'accéder au droit. Il s'agit d'encourager les parties qui se trouvent en situation conflictuelle à trouver une solution avec l'aide d'un tiers indépendant, neutre et dépourvu de tout pouvoir : le médiateur.

Promouvoir une culture de la médiation en France est difficile puisque la principale difficulté résulte dans notre culture

48 Ces quelques éclairages nouveaux en droit de la famille sont apportés par Maître Élodie Mulon que nous remercions chaleureusement.

du conflit. Le procès, parce qu'il conduit à désigner un vainqueur et un vaincu, paraît la voie la plus naturelle pour une personne engagée dans un conflit. Il est patent que le monde judiciaire et associatif méconnaît encore souvent la médiation.

Il est certain qu'en matière de droit des personnes, le justiciable réclame au juge un surcroît d'humanité, un rôle pacificateur et apaisant des tensions sociales, familiales ou personnelles, un arbitrage dans des situations souvent paralysées où chacun veut faire valoir ce qu'il estime être son bon droit. Il est clair que la médiation semble particulièrement adaptée à la résolution des conflits de ceux qui ont une position faible et fragile dans notre société, car elle peut leur rendre confiance et dignité.

L'avocat spécialiste en droit de la famille est confronté en permanence à ce besoin des personnes de retrouver des espaces de dialogue et de pacification pour recréer des liens dans une société atomisée. Ce besoin d'écoute, d'accueil de la souffrance, de prise en compte de la dimension humaine des conflits doit conduire à une volonté de dépasser la logique de rupture.

L'altération du tissu social n'est plus à démontrer ; il est partout question de fractures, d'éclatement, d'exclusion. On aura beau légiférer, la loi restera un mode de régulation extérieure et anonyme pour retisser le lien social. L'étatisme moderne a fait disparaître les corps intermédiaires et, par là même, les modes de régulation sociale qu'ils avaient mis en place. Cet effacement des corps intermédiaires s'est renforcé et nous sommes aujourd'hui confrontés aux conséquences de la judiciarisation croissante de notre société. Engorgement des tribunaux, lenteur des procédures : il fallait pour le législateur trouver des solutions nouvelles.

La médiation fait depuis quelques années l'objet d'une véritable mode, on la trouve partout : à l'école, dans l'entreprise, à l'hôpital, dans les quartiers, etc. La médiation peut devenir un véritable outil de l'accès au droit et à la lutte contre l'exclusion. Les plus démunis ne devront pas être privés de ce nouvel outil.

Les juristes ont une conscience profonde de leur fonction de prévention des contentieux par leur rôle de conseil. Le but est justement d'éviter le procès grâce à leur technicité.

La médiation est avant tout une éducation, une invitation à se rencontrer soi-même, à pouvoir se poser les questions essentielles, pouvoir dire, être entendu, échanger, afin de construire un projet et retrouver enfin ses repères. Reprendre la parole pour échapper à la violence est une nécessité absolue. Vivre une possibilité de dialogue les uns avec les autres, c'est déjà ne plus être exclu de la société, c'est offrir un nouveau sens à sa vie. C'est cette humanité que nous avons chacun besoin de retrouver en nous-mêmes.

En conclusion, La médiation, au-delà de ses rapports avec la justice nous renvoie à nos vraies valeurs d'humanité tant prônées par le respect des droits de l'homme, l'accès à la justice dans une société dite démocratique faisant partie des libertés fondamentales.

Si la justice peut, dans certains cas, être libératrice, nous n'oublierons néanmoins pas qu'elle ne peut remplir le rôle d'un « justicier » de l'âme et du cœur.

Définition du **harcèlement psychologique**

Le harcèlement moral prévu et réprimé par l'article 222-33-2-1 du code pénal correspond à une infraction sanctionnée dans le domaine du travail.

Un des éléments constitutifs du harcèlement moral repose sur le fait que les agissements conduisent à « une dégradation des conditions de travail ».

L'article 17 de la loi contre les violences psychologiques au sein du couple transpose les dispositions de l'article 222-33-2-1 du code pénal définissant le harcèlement moral au cadre du couple et il sanctionne « des agissements répétés ayant pour objet ou pour effet une dégradation des conditions de vie susceptible d'entraîner une altération de sa santé physique ou mentale. »

Comme le harcèlement moral au travail, le fait de harceler son conjoint, son partenaire lié par un pacte civil de solidarité ou son concubin devient un délit puni de 3 ans d'emprisonnement et 75 000 € d'amende.

Quels sont les agissements visés ?

La violence verbale

L'agression verbale peut être subtile, non directe, et l'entourage familial et le partenaire auront beaucoup de mal à l'identifier au début du processus.

Elle pourra s'apparenter à des relations conflictuelles entre deux individus alors que la réalité vécue est très différente.

Car cette violence est multiforme :

- Discrédit : le harceleur chosifie le Partenaire quitte à le rendre transparent, inexistant. Dans la relation parentale, le harceleur parlera de son partenaire à la troisième personne (« elle ») pour la distancier et lui enlevant son rôle, son qualificatif de « maman ».
- L'isolement : quand le harceleur a décidé de détruire son partenaire psychologiquement, il lui suffira de l'isoler de ses amis, de sa famille, de son cercle proche.
- Pousser l'autre à la faute : un des moyens très habile pour discréditer l'autre est de le pousser à la faute pour pouvoir le critiquer et le rabaisser. Le Partenaire n'est donc pas digne de confiance et il faudra donc le punir. Le harceleur pourra littéralement inciter son partenaire à rechercher de l'amour ou de l'affection auprès de quelqu'un d'autre que lui pour lui imputer la faute de l'échec de leur couple.

D'autres plus pervers pourront le pousser à commettre un adultère. Contrairement à une idée reçue, l'adultère est une faute cause de divorce qui peut entraîner pour l'époux fautif la perte du versement de la prestation compensatoire. Ce qui est le comble de la perversion, mais le pervers n'en a cure : il ne veut pas payer ses fautes personnelles et encore moins financières.

Dans une affaire, l'ex-compagnon agressif avait menacé de mort la mère de son enfant en présence de celui-ci, dans la rue. Cette violence verbale a attiré l'attention des passants qui ont accompagné la femme au premier commissariat de police pour témoigner et dire combien ils ont été choqués des propos et de l'attitude du compagnon.

Cet acte civique a permis à la jeune femme de porter plainte et de transmettre l'affaire au procureur de la République qui a condamné le harceleur.

Dans cette situation, le conjoint harcelé doit prendre conscience que les paroles prononcées, les agissements subis ne procèdent pas d'un mode normal de fonctionnement du couple, basé en principe sur le respect de l'autre, de son identité, de son caractère, de son corps, de sa religion, de ses traditions, de sa famille... Curieusement, les victimes mettent beaucoup de temps pour diagnostiquer leur situation. Certaines d'entre elles peuvent attendre 20, 30 ans ! Comme le harcèlement moral, la difficulté pour la personne victime de harcèlement psychologique, le plus souvent la femme, sera d'apporter la preuve de l'existence des agissements répétés du harceleur : menaces de mort sur elle ou les enfants, menace d'incendie de l'appartement...

En effet, au début du processus, les violences verbales ont lieu en tête à tête.

Le conjoint harcelé est confronté au huis clos familial et à la peur, aussi paradoxal que cela puisse paraître, de la possible condamnation du père des enfants.

La violence physique

Comme dans le milieu professionnel, le silence n'a qu'un temps et l'entourage familial, social, s'il est témoin des dérives du couple pourra agir et surtout pousser le conjoint harcelé à déposer plainte devant le juge pénal et en urgence, saisir le juge aux affaires familiales pour procéder à la séparation du couple afin d'éviter l'irréparable car aux violences verbales succèdent les violences physiques (une femme meurt tous les deux jours des violences de son compagnon, de son mari).

La grande innovation de la loi de 2010 est « l'ordonnance de protection » que pourra délivrer le juge aux affaires familiales d'une durée de 4 mois pour permettre la séparation du couple avec une possibilité de logement ou de relogement de la victime.

La difficulté dans cette incrimination est le témoignage de l'entourage proche, celui des enfants et des ascendants, témoignages fragiles et facilement manipulables par l'un ou par l'autre des conjoints.

Mais une expertise médicale et sociale pourra être ordonnée par le juge pour connaître la réelle personnalité du harceleur, son environnement social, et l'obliger à se soigner auprès de médecins spécialisés, psychologues aguerris à ces profils destructeurs.

Toutes les preuves pourront être produites : témoignages écrits, lettres écrites par le compagnon violent (ils sont très prolifiques), photographies, SMS, mails car il ne faut pas perdre de vue qu'un écrit reste la preuve incontestable pour le Juge.

Pour conclure, le délit de harcèlement psychologique s'il est condamné par le juge pénal facilitera le divorce pour faute entre les époux et permettra au conjoint victime de se reconstruire : ce qui demeurera son grand défi.

La pratique de la police et de la justice en matière de délit de harcèlement moral dans le couple : **état des lieux**

*par **Cyril Braniste***

La Loi du 9 juillet 2010 constitue le premier acte d'une prise en compte par les pouvoirs publics de la question de la violence psychologique au sein du couple. Ainsi, celles et ceux qui sont insultés, humiliés, rabaissés au quotidien peuvent porter plainte et espérer voir l'auteur de ces comportements réprimé pénalement.

Ce n'est plus impunément qu'on peut se voir reprocher son physique, son intelligence, son âge, son utilité, son aptitude à s'occuper des enfants, etc. Ces agissements qui émanent bien souvent de personnes qui donnent le change socialement, et se font passer à l'extérieur comme de bons pères ou mères de famille, peuvent conduire au suicide. Il faut rappeler que les homicides au sein du couple représentent 20 % de la totalité des homicides en moyenne et que les chiffres sont alarmants en matière de suicide de femmes liés au harcèlement moral du conjoint.

Dans une période où la parole se libère sur les réseaux sociaux et dans les médias, s'agissant de la violence morale faite aux femmes et du harcèlement sexuel, il est intéressant de se poser la question **de l'application** par les procureurs et juges, du texte de loi relatif à la violence psychologique dans le couple (article 222-33-2-1 du code pénal/loi n°2010/769 du 9 juillet 2010).

Les victimes doivent être armées pour faire face aux difficultés de la procédure. Quelques conseils leurs sont donnés dans le présent article, et ce dans le prolongement de mon article « Harcèlement moral et divorce[49] ».

Rappelons le texte de loi :

> « Le fait de harceler son conjoint, son partenaire lié par un pacte civil de solidarité ou son concubin par des propos ou comportements répétés ayant pour objet ou pour effet une dégradation de ses conditions de vie, se traduisant par une altération de sa santé physique ou mentale, est puni de trois ans d'emprisonnement et de 45 000 € d'amende lorsque ces faits ont causé une incapacité totale de travail inférieure ou égale à huit jours ou n'ont entraîné aucune incapacité de travail et de cinq ans d'emprisonnement et de 75 000 € d'amende lorsqu'ils ont causé une incapacité totale de travail supérieure à huit jours.
>
> Les mêmes peines sont encourues lorsque cette infraction est commise par un ancien conjoint ou un ancien concubin de la victime, ou un ancien partenaire lié à cette dernière par un pacte civil de solidarité. »

Les violences psychologiques sont aussi réprimées par l'article 222-14-3 du code pénal.

Il y a lieu, en outre, de rajouter à cet article du code pénal, un nouvel article 373-2-11-6 du code civil, qui prévoit que :

---

49 Voir http://www.elledivorce.com/html/juridique/harcelement-moral/les-mesures.php5

> « Lorsqu'il se prononce sur les modalités d'exercice de l'autorité parentale, le juge prend notamment en considération :
>
> 6° Les pressions ou violences, à caractère physique ou psychologique, exercées par l'un des parents sur la personne de l'autre ».

Ainsi, si l'on s'en tient à la simple lecture des textes législatifs, il y a lieu de crier victoire quant à cette avancée considérable. On pourrait même en déduire que le Juge aux affaires familiales est amené, dans le cadre d'une séparation ou d'un divorce, à tenir compte de la violence psychologique dans le couple au moment de prendre une décision, concernant la garde d'un enfant, ou l'organisation de sa vie future.

Pour autant, au-delà de ces avancées formelles, il y a lieu de se poser la question de l'effectivité de ces textes de loi, c'est à dire de leur application dans la pratique. Une étude de la jurisprudence montre que la majorité des cas où les tribunaux ont fini par reconnaître les violences psychologiques, sont ceux dans lesquels la victime a fini par se suicider, ou était sur le point de le faire, et où il est démontré que l'acte suicidaire est lié à l'emprise et à la violence psychologique.

Il y a tout de même lieu de tenir compte de certaines avancées, du fait que les professionnels (experts, policiers, juges) amenés à se pencher sur ces cas sont incités par les faits d'actualité, à prendre au sérieux ce type de situation.

S'agissant de l'incrimination pénale (article 222-33-2-1 du code pénal)

En pratique, la dénonciation de la violence psychologique relève le plus souvent du parcours du combattant, se heurtant à une forme d'incompréhension choquante.

Le but du présent article est d'aider les victimes à affronter ce parcours, à présenter au mieux leur dossier, afin d'être prises au sérieux.

Plusieurs cas se présentent :

— A. Les services de police banalisent la situation et refusent de prendre la plainte

En dépit de certains efforts (des directives ont été adressées et des formations ont été organisées), les agents de police sont peu formés aux violences intra-familiales, et à la maltraitance psychologique.

Beaucoup trop nombreux sont les témoignages de victimes, qui relatent une attitude peu adaptée des services de police : mur de l'indifférence, banalisation, propos irrespectueux tels que « ça c'est vos problèmes de couple, ça ne regarde pas la police, chacun doit y mettre du sien... vous avez sans doute votre part de responsabilité... ».

C'est ainsi que certaines victimes sont invitées tout simplement à rentrer chez elles, ou, en guise de lot de consolation, à déposer **une main courante**, ce qui peut être une manière de se débarrasser du dossier.

Cette main courante n'est qu'une déclaration unilatérale, sans aucune valeur probatoire, elle ne débouche sur rien. Au mieux, elle constitue un précédent symbolique avant une plainte ultérieure.

Si le policier ou le gendarme est de bonne volonté, il peut accepter de transcrire la mention « vu exact », après que la victime lui a fait constater un SMS injurieux, un mail agressif ou menaçant. Ainsi, il est très important de ne pas effacer ce type de SMS, et de demander aux policiers de le constater.

En tout état de cause, il faut savoir que **les fonctionnaires de police et gendarmes n'ont pas à évaluer la gravité de l'état** de la victime requérante, ils ne sont ni médecin **ni psychiatre ni juge**. Ils agissent sous le contrôle du Procureur de la République, qui a seul l'opportunité des poursuites.

Dans une telle hypothèse, c'est à la victime de demander à l'agent de l'adresser au service des urgences médico-judiciaires, afin de consulter un médecin psychiatre. Cet expert, rattaché aux services de police, pourra ainsi évaluer le degré d'incapacité totale de travail (ITT), ce qui constitue une étape majeure dans l'instruction d'une future plainte.

— B. Le policier ou le gendarme accepte de prendre la plainte

En principe, le fonctionnaire doit remettre à la victime un récépissé de dépôt de plainte, ce qu'il ne fait pas toujours.

Surtout, il doit adresser la victime aux urgences médico-judiciaires (UMJ - service rattaché à la justice), afin de faire constater les dommages sous la forme d'une incapacité totale de travail (ITT), qui peut être physique et/ou psychologique.

Or, il arrive fréquemment que les policiers ou gendarmes se contentent d'enregistrer la plainte, sans adresser la personne au service concerné. La victime se voit ainsi privée de la possibilité de prouver les violences qu'elle a subies.

Il est donc ainsi paradoxal de constater qu'avant de se présenter aux services de police ou de gendarmerie, la victime doit être déjà armée psychologiquement pour convaincre le service du bien-fondé de sa demande, et de la vérité de son cas !

C'est pourquoi, en amont, il peut être utile de se présenter au commissariat ou à la gendarmerie avec un premier certificat médical de son propre médecin traitant ou psychiatre, constatant l'état de stress, et prescrivant un arrêt de travail. Il est probable que la lecture de ces documents influencera les services de police dans le sens d'une prise en considération du dossier.

En tout état de cause, il est fondamental que la victime se rende aux urgences médico-judiciaires. **C'est aux services de police ou de gendarmerie de l'y adresser**.

C'est en effet la constatation par un médecin expert spécialisé rattaché aux services de police et de justice, **qui fera que la demande sera prise en considération**, et constituera un élément de preuve suffisant pour déclencher une procédure de divorce ou de séparation en urgence, ou une demande d'ordonnance de protection. (cf. infra)

Il est donc important que la victime ne se censure pas, et ne se laisse pas censurer par le fonctionnaire qui reçoit son audition.

Conséquences de la plainte

- **1re hypothèse :** la victime ne se voit pas diagnostiquer d'ITT L'affaire est classée sans suite, il ne se passera rien.
- **2e hypothèse :** la victime se voit diagnostiquer une ITT psychologique de 1 à 3 jours.

  Dans ce cas, s'il s'agit d'une première fois, l'affaire est la plupart du temps classée sans suite, ou adressée en médiation pénale. (cf. infra)

  S'il y a eu des précédents, l'affaire peut être renvoyée en médiation pénale ou devant une juridiction.

- **3e hypothèse :** la victime se voit délivrer une ITT supérieure à 3 jours et inférieure à 8 jours.

  Le ministère public a alors l'opportunité de :

  - renvoyer l'affaire devant une juridiction correctionnelle ;
  - ordonner une médiation pénale ;
  - ordonner un rappel à la loi.

- **4e hypothèse :** la victime se voit délivrer une ITT supérieure à 8 jours.

  L'affaire sera renvoyée, en principe selon toute probabilité, devant une juridiction correctionnelle.

C'est malheureusement la deuxième et la troisième options qui sont les plus couramment utilisées.

— L'enquête de police

Il y a lieu de relever **un déséquilibre entre les droits de la victime et les droits de la personne mise en cause.**

Lorsque la personne mise en cause (l'auteur des faits) est convoquée en vue d'une audition libre, elle a le droit d'être assistée d'un avocat. **S'agissant de la victime, elle ne peut bénéficier de l'assistance d'un avocat que dans le cadre d'une confrontation avec l'auteur des faits.**

Ainsi, au moment de sa première audition, elle est donc seule face aux policiers enquêteurs, et ne bénéficie pas du soutien juridique et moral d'un avocat. On peut se demander pourquoi le législateur a prévu des dispositions plus protectrices des droits de l'auteur que de la victime !

C'est pourquoi, il est vivement conseillé aux victimes de consulter un avocat avant tout dépôt de plainte, et ce afin de préparer les futures auditions, au cours desquelles elle devra faire face dans la solitude.

— Le rappel à la loi

L'auteur présumé des violences se voit rappeler à ses obligations légales d'une manière solennelle.

Autrement dit, le policier sur délégation du Procureur de la République, lui dit officiellement que « *ce qu'il a fait est mal* », et l'incite à ne pas recommencer. Cette mesure, qui est symbolique, n'a aucune conséquence juridique. Elle ne vaut pas déclaration de culpabilité.

À ce titre, il est intéressant de considérer que la Cour de cassation a été amenée à se prononcer récemment sur cette question, **et a considéré qu'un rappel à la loi ne constituait pas la preuve d'une faute dans le cadre d'une procédure de divorce contentieuse**.

On peut s'étonner, voire être choqué de cette évaluation bienveillante faite par la Cour de cassation du comportement harcelant. Il s'agit d'une forme de banalisation qui pose question.

— La médiation pénale

Les parties sont invitées à se présenter devant un médiateur (un travailleur social ou un ancien magistrat le plus souvent). Celui-ci cherchera à inciter les parties à parvenir à un accord, afin d'éviter la saisine d'une juridiction. En réalité, il s'agit d'un moyen de désengorger les tribunaux.

La présence de la victime n'est pas obligatoire, mais si elle ne se présente pas, l'affaire sera très probablement classée sans suite.

Or, il y a également de très grandes chances que l'affaire soit classée sans suite, même si la victime est présente.

La médiation pénale ne constitue que très exceptionnellement le préliminaire à une procédure correctionnelle. Le médiateur peut inciter l'auteur à s'excuser ou à verser une somme à titre de dommages et intérêts, dans cette hypothèse l'affaire s'arrête là.

Là encore, il y a lieu de s'inquiéter de cette pratique quasi systématique des parquets qui tendent à étouffer dans l'œuf les plaintes.

L'audience correctionnelle

Ce n'est pas parce que l'audience correctionnelle est programmée que tout est gagné ! Il faut se défendre.

Il est déconseillé de se présenter seul, la présence d'un avocat est vivement recommandée.

Encore faut-il que l'auteur soit déclaré coupable. C'est pourquoi il est nécessaire de bien connaître les éléments de l'infraction. Il y aura en effet un débat contradictoire entre la partie civile, le ministère public et la défense, portant sur l'infraction et sa preuve.

S'agissant d'un acte, par définition intime, se passant au sein de la famille à l'abri des regards, il est particulièrement difficile de rapporter la preuve de la violence psychologique.

— Les éléments de l'infraction

Pour retenir la qualification du délit prévu par l'article 222-33-2-1 du code pénal, la jurisprudence retient à l'encontre de l'auteur des faits :

> « des propos, comportements répétés ayant pour objet ou pour effet une dégradation des conditions de vie du compagnon ou du conjoint, se traduisant par une altération de sa santé physique ou mentale ».

Que faut-il entendre par « ***propos ou comportements répétés*** » ? Pour retenir la qualification, les parquets et tribunaux retiennent les injures, les menaces, les propos dégradants. La preuve en est le plus souvent rapportée par les relevés d'appels téléphoniques malveillants, SMS, mails, et correspondances. Il s'agit le plus souvent d'attaques sur le physique, l'aptitude professionnelle, l'aptitude à élever les enfants.

La question est de savoir quel type de message peut être pris en considération. Ils doivent revêtir une certaine forme de gravité.

Or, très souvent, **le conjoint ou la conjointe pervers et manipulateur est suffisamment habile pour ne pas laisser de traces**. C'est toute la problématique du harcèlement moral dans le couple.

Ainsi, se pose très fréquemment la question du harcèlement dans le cadre d'un conflit portant sur **l'autorité parentale**. Au terme d'une séparation, un parent harcelant instrumentalise l'enfant commun pour persécuter l'autre parent, par des mails et des SMS intempestifs et quotidien, relatifs à la santé, l'éducation et la vie de l'enfant.

Cette technique est assez insidieuse, car de la part du parent harcelant il n'est officiellement question que de l'enfant et de son quotidien, il n'y a ni injures ni menaces mais une communication outrancière quotidienne insupportable à vivre.

La victime, qui se trouve déstabilisée, ne sait pas si elle doit répondre ou non, et à qui répondre. Pour autant, il est important pour la victime de garder toutes les preuves, et de prouver qu'il agit sur la durée (plusieurs mois, voire années). Dans cette situation, et selon les cas, il est conseillé de répondre le moins possible afin d'éviter d'alimenter le contentieux : **le silence étant une arme redoutable.**

En tout état de cause, là encore, il convient de montrer le dossier à un avocat.

« ***Comportements répétés*** » : il faut donc rapporter la preuve de l'acharnement dans le comportement. Ainsi, la production de mails ou SMS successifs s'étalant sur une longue période est requise.

« *Ayant pour objet ou pour effet une dégradation des conditions de vie du compagnon ou du conjoint* » : il est donc nécessaire de rapporter la preuve de son préjudice moral ou physique, cette preuve devant être rapportée par un certificat médical. Étant précisé que la preuve principale est rapportée par le certificat médical des urgences médico-judiciaires précitées.

« ***Se traduisant par une altération de sa santé physique ou mentale.*** » Pour le législateur, il faut que la dégradation des conditions de vie soit concrètement prouvée.

À ce titre, il est particulièrement révélateur de constater un déséquilibre très important entre ce délit de violence psychologique familiale, et le délit de harcèlement moral au travail prévu par l'article 222-33-2 du code pénal.

En effet, l'article concernant le harcèlement moral au travail incrimine « *des propos ou comportements qui ont pour objet ou pour effet une dégradation des conditions de travail* ***susceptible*** *d'altérer la santé physique ou mentale de la victime ou de porter atteinte à sa dignité, ses droits, ou à son avenir professionnel.* »

En ce sens, un arrêt de la Cour de cassation du 13 décembre 2016, dispose que la dégradation des conditions de travail n'a pas à être la suite nécessaire du harcèlement, puisqu'il suffit qu'elle ait été voulue par l'auteur. Ce qui signifie que même si la victime ne prouve pas par un certificat médical la dégradation de son état mental et/ou physique, elle peut voir son ex-employeur condamné pour harcèlement moral, du moment que la preuve a été rapportée **que ce dernier ait voulu la harceler.**

Or, s'agissant d'une victime du harcèlement moral dans le couple, il est nécessaire pour que le délit soit constitué, que **la conséquence se soit produite de manière effective**, c'est-à-dire que la victime **soit vraiment tombée malade** (dépression), voire se soit fait hospitaliser, ou ait au moins un certificat médical des urgences médico-judiciaires suffisamment probant.

Il s'agit d'une différence de traitement particulièrement injuste, qui ne s'explique pas, si ce n'est par le souci d'alléger le contentieux des tribunaux correctionnels et de décourager les plaintes pour violences psychologiques. En tout état de cause, le résultat est que, du point de vue de sa stricte application pénale, les condamnations pour violences psychologiques restent relativement rares.

S'agissant des conséquences civiles

La question se pose lors d'un divorce ou d'un contentieux familial portant sur la résidence d'un enfant.

Sur la base d'un dossier suffisamment probant de violences psychologiques avec certificat médical des urgences médico-judiciaires et récépissé de dépôt de plainte, la victime peut se voir autoriser à assigner en divorce son conjoint en urgence, afin d'obtenir des mesures provisoires rapides. (cf. « Harcèlement moral et divorce »)

Elle peut aussi se voir attribuer une ordonnance de protection en urgence, qui lui permet d'obtenir la jouissance du domicile conjugal et des mesures de protection face au conjoint violent. (cf. « Harcèlement moral et divorce »)

Comme indiqué précédemment, au terme de l'article 373-2-11-6 du Code civil, il est expressément prévu que :

> « Lorsqu'il se prononce sur les modalités d'exercice de l'autorité parentale, le juge prend notamment en considération les pressions ou violences, à caractère physique ou psychologique, exercées par l'un des parents sur la personne de l'autre. »

Il faut rappeler que le moteur de la décision du juge aux affaires familiales **est l'intérêt de l'enfant**. Or, cet intérêt de l'enfant, dans l'esprit du juge, est pris isolément, il est apprécié au regard de différents critères qui ne vont pas nécessairement de pair avec l'intérêt du conjoint harcelé.

Autrement dit, ce n'est pas parce qu'une personne rapporte la preuve de la violence psychologique qu'elle subit, qu'elle obtiendra nécessairement la résidence de son enfant, ou pourra mettre en échec la résidence alternée demandée par l'autre.

C'est en effet plus compliqué que cela. Le juge aux affaires familiales prend en considération un grand nombre de facteurs, dont la violence psychologique fait partie. C'est pourquoi il est nécessaire de constituer un dossier, et ne pas se contenter de sa parole de victime. À ce titre je vous renvoie à mon article « Harcèlement moral et divorce ».

Il est important de tenir compte de la réalité de la pratique judiciaire. Les travailleurs sociaux et experts qui sont amenés à rendre des rapports pour le compte de la justice refusent bien souvent de prendre parti, et évoquent des concepts génériques qui deviennent dans certains cas des éléments de langage : ***conflit de loyauté, conflit parental.***

Il est ainsi demandé aux parents renvoyés dos à dos de faire preuve de maturité et de dépasser leurs conflits. Il peut être, dans certaines situations, **particulièrement douloureux pour une victime de violences psychologiques de se voir ainsi donner la leçon et d'être jugée exactement au même niveau que le conjoint harceleur alors qu'elle a besoin d'être protégée.**

C'est pourquoi il est extrêmement important dans ce type de situation de démontrer que c'est de l'enfant qu'il s'agit, de sa souffrance, et non pas de soi. Là est toute la difficulté.

Dans son évaluation de l'intérêt de l'enfant, le juge aux affaires familiales est amené, bien évidemment, à prendre en considération l'attitude des parents l'un envers l'autre, **et notamment en présence des enfants.** C'est surtout ce dernier aspect des choses qui sera pris en considération, outre bien sûr la violence psychologique directe du parent vis-à-vis de l'enfant.

À ce titre, et il faut le souligner, on voit apparaître une jurisprudence encourageante, au cas par cas. **Ainsi, un père a-t-il été jugé récemment au tribunal correctionnel de Lyon pour manipulation de ses enfants dans un conflit conjugal.** Dans cette affaire, l'expert psychiatre avait décrit précisément « *le syndrome d'aliénation parentale* ».

Conclusion

Même si la lutte reste âpre, les mentalités ont changé, et le terme de violence psychologique a désormais une résonance dans l'esprit des professionnels de justice.

Il faut donc continuer à mener ce combat avec courage et ténacité, et ne pas hésiter à dénoncer ce type d'agissement qui ne relève pas que de la sphère privée, mais constitue un trouble à l'ordre public qui nécessite une réponse judiciaire ferme et adaptée.

Maître Cyril Braniste
Avocat au barreau de Paris

※

Une justice encore peu puissante face aux **pervers narcissiques**

Par ***Maître Élodie Mulon***
Avocate au barreau de Paris

« Maître, je vous assure, mon mari est pervers narcissique… ». Cette phrase a d'abord sonné comme un refrain trop entendu chez les avocats, refrain accompagné parfois du don de tel ou tel ouvrage ou article paru sur le sujet, pour nous convaincre du bien-fondé de l'analyse ainsi faite. Une sorte de diagnostic qui semble être apparu comme un effet de mode… Et pourtant, force a été de constater que cela n'était pas le cas, mais une réalité à laquelle nos clients, souvent les femmes, sont trop souvent confrontés. Le profil commence à être connu, je n'y reviendrai pas, cela n'est pas mon rôle. Mais l'histoire conjugale qui nous est racontée, dès le premier rendez-vous souvent, nous conduit aujourd'hui à voir se dessiner devant nos yeux le profil du pervers narcissique.

Pour l'avocat, cela n'est pas si grave. En tous cas lorsqu'il est peu réceptif à ce type de comportement. En effet, ces personnes qui ont une tendance manifeste et presque pathétique à se considérer au-dessus du commun des mortels sont très prévisibles dans les procédures, ce qui permet non seulement d'anticiper ce qu'ils vont faire mais également de les mener au résultat escompté.

Pour le conjoint, en revanche, c'est un cauchemar. La violence dont il souffre au quotidien se vit le plus souvent dans l'intimité du couple, au mieux de la famille, le pervers offrant en général au monde un aspect très séduisant de sa personnalité, et même parfois celui du conjoint idéal. Elle est donc très difficile à prouver. Or, le juge est contraint de fonder sa décision sur des éléments de preuve, lesquels sont le plus souvent des attestations et des certificats médicaux, documents qui doivent être circonstanciés. Le juge ne peut en la matière se satisfaire de son intime conviction.

Mais la difficulté ne s'arrête pas là : le pervers se venge contre le conjoint sous emprise de chaque succès obtenu par ce dernier dans la procédure. Il poursuit avec colère l'objectif de « faire craquer » l'autre, lui disant bien évidemment pis que pendre de son avocat pour le déstabiliser, mais lui faisant valoir tout ce qu'il a à perdre en continuant à s'opposer à lui et à persister dans ce qu'il semble vivre comme un véritable crime de lèse-majesté. Tout y passe : des menaces d'une ruine financière, « tu finiras à la rue », agrémenté souvent d'un dévalorisant « comme je t'ai trouvé », jusqu'à celles liées aux enfants que malheureusement, le pervers parvient parfois à instrumentaliser, menaces qui passent également par la promesse d'un avenir sombre, sans famille et sans amis. Comme l'écrit si bien Talleyrand : « Tout ce qui est excessif est insignifiant », mais cela ne semble pas déranger le pervers qui n'a pas pour habitude de s'embarrasser de nuances. Ainsi, l'avocat doit se livrer à un véritable travail pédagogique auprès de la victime pour la convaincre de ne pas rester sous cette emprise et de dresser un mur « psychologique » entre elle et son bourreau, quitte parfois à refuser de continuer à lui parler. Ce qui n'est pas toujours chose aisée lorsque le couple a des enfants.

Contre les violences dans le couple

Face à l'ampleur du phénomène de violences de tout ordre, ampleur qui s'explique sans doute en partie par sa reconnaissance, le législateur a fini par s'y intéresser et à mettre en place un système de protection. Ainsi, la loi du 9 juillet 2010[50] (articles 515-9 à 515-13 du Code civil) et le décret du 29 septembre 2010[51], (articles 1136-3 à 1136-13 du Code de procédure civile) ont été le premier rempart véritable de lutte contre les violences au sein du couple. L'ordonnance de protection est ainsi née. Elle est venue remplacer l'ancien référé violences qui s'était malheureusement révélé assez peu efficace pour lutter contre les violences conjugales et peu pratique en termes de mise en œuvre. L'effort ne s'est pas arrêté là. La loi n° 2014-873 du 4 août 2014[52] pour l'égalité réelle entre les femmes et les hommes a ensuite modifié les articles 515-11, 515-12 et 515-13 du Code civil.

Pour autant, ces lois, si elles permettent de lutter plus efficacement contre les violences physiques, ne sont pas encore totalement à même de lutter contre les violences psychologiques qui peuvent pourtant conduire à un véritable anéantissement de la personne touchée. Des statistiques[53] sont faites pour les violences physiques, qui démontrent d'ailleurs que beaucoup reste à faire. Ainsi, il ressort de cette étude qu'en France, au cours de l'année 2016, 138 personnes sont décédées, victimes de leur conjoint, partenaire ou ex-partenaire de vie. Aucune statistique n'existe,

50 Loi n° 2010-769 du 9 juillet 2010, relative aux violences faites spécifiquement aux femmes, aux violences au sein des couples et aux incidences de ces dernières sur les enfants, *Journal officiel* du 10 juillet 2010.

51 Décret n° 2010-1134, du 29 septembre 2010, relatif à la procédure civile de protection des victimes de violences au sein des couples, *Journal officiel* du 30 septembre 2010.

52 Loi n° 2014-873 du 4 août 2014 pour l'égalité réelle entre les femmes et les hommes.

53 Étude nationale relative aux morts violentes au sein du couple, année 2016, Ministère de l'Intérieur, 1er septembre 2017.

à notre connaissance, pour les violences psychologiques, ce qui montre la difficulté à les recenser.

Les violences visées par l'ordonnance de protection sont celles qui interviennent dans le cercle familial proche puisqu'elles sont celles exercées par le conjoint, le partenaire de Pacs et le concubin, que le couple soit encore ensemble, séparé ou divorcé[54]. Le couple peut être constitué de personnes de sexe différent ou de même sexe. Les enfants sont également protégés par cette ordonnance, qu'ils soient communs ou issus seulement d'un des membres du couple. Cette protection s'avère plus que nécessaire puisque l'étude réalisée démontre que 25 enfants ont trouvé la mort en même temps que le parent tué.

Le juge aux affaires familiales est saisi par la personne en danger. La forme de la saisine est strictement définie et il est donc préférable d'être assistée pour le faire. Ainsi, notamment, l'acte de saisine (requête ou assignation) devra faire état de manière précise des motifs de la demande et être accompagnée, à peine de nullité, des pièces sur laquelle la demande est fondée. Cette exigence est bien évidemment une source de difficultés terrible. Elle suppose que les faits de violence soient avérés et susceptibles d'être prouvés. Est-il besoin de rappeler comme le pervers narcissique est passé maître en l'art de dissimuler les violences psychologiques qu'il fait subir à l'autre, et comme il aime, par un habile jeu de miroirs, se faire passer pour la victime ?

Précisons que dans certains cas, le juge aux affaires familiales peut également être saisi directement par le ministère public. Cependant, là encore, c'est le plus souvent dans l'hypothèse de violences physiques que cette saisine interviendra. Pour autant, les victimes ne doivent pas hésiter à porter plainte au

54 Cour d'appel de Paris, Pôle 3 - Chambre 3, 10 novembre 2016, n°16/11797.

commissariat dès qu'elles sont victimes d'un harcèlement répété et destructeur. Cette démarche est parfois entendue.

L'ordonnance de protection

Dès réception de la demande d'ordonnance de protection, le juge convoque les parties à une audition. Celui-ci a pu préalablement dispenser la victime, afin de la protéger d'un risque de représailles, de communiquer à la partie adverse sa véritable adresse. L'audition des parties par le juge peut avoir lieu séparément, afin de protéger la victime de pressions ou menaces. Cependant, le principe du contradictoire doit être respecté. Dès lors, chacune des parties aura accès au procès-verbal de comparution de l'autre et pourra faire valoir ses observations. Là encore, bien souvent, c'est la parole de l'un contre l'autre. La victime se méfie trop souvent du talent de l'autre à dissimuler sa véritable personnalité. Il est donc préférable lorsque les violences sont d'ordre psychologique d'accepter d'être confrontée à l'autre pour essayer, notamment avec l'aide de son avocat, de le prendre en défaut. Les pervers narcissiques, nous l'avons déjà dit, sont assez prévisibles et tout à fait méprisants à l'égard de leur adversaire. Ils n'anticipent donc pas toujours ce qui peut se jouer à l'audience et s'y dévoilent quelques fois. Plus souvent qu'on le croit en réalité.

La délivrance de l'ordonnance de protection est soumise à deux conditions cumulatives. D'une part, il doit exister des raisons sérieuses de considérer comme vraisemblables la commission des faits de violence allégués. D'autre part, la victime doit être exposée à un danger.

Le fait que les violences doivent simplement être considérées par le magistrat comme vraisemblables pour donner lieu à une ordonnance de protection[55] est évidemment essentiel. Ainsi, la victime doit rapporter un faisceau d'indices permettant au magistrat d'avoir rapidement une intime conviction que ces violences sont vraisemblables. Elle doit donc prouver sommairement les violences, physiques ou morales (voire une simple menace, considérée comme un fait de violence par l'article 222-18-3 du Code pénal), au moyen d'une main courante accompagnée d'un certificat médical, d'attestations, de dépôt de plaintes. Ce sera au défendeur qui conteste ces faits de prouver leur absence de réalité.

La victime doit également démontrer qu'elle est exposée à un danger. Ce danger peut résulter du caractère réitéré des violences ou de leur gravité. Cette preuve se fait notamment par la production d'un certificat médical démontrant les répercussions physiques ou psychologiques des violences exercées. Ce certificat est indispensable. Les juges ont parfois tendance à considérer que la condition de danger n'est pas caractérisée lorsque que la victime de violence n'engage aucune démarche de séparation et montre des signes de réconciliation[56]. Cela semble un raccourci rapide et maladroit car la victime n'a souvent pas les ressources financières ou psychiques d'organiser son départ, surtout en cas d'enfants. Elle attend donc la décision du juge, dont la recherche lui a déjà demandé beaucoup de courage. Certains auteurs, conscients du risque d'une domination psychologique qui peut conduire la victime à accepter la réconciliation (surtout qu'elle reste souvent attachée à son bourreau, ambivalente parfois quant au fait qu'elle pourrait le changer et le rendre meilleur) préconisent une particulière vigilance dans l'appréciation du caractère vraisemblable des violences, mais

55 Par exemple : Cour d'appel de Colmar, 21 janvier 2014 n°13/00033 ; CA Paris, Pôle 3 - Chambre 4, 2 février 2017, n°16/17357 ; CA Paris, 24 mai 2017, n°16/19891 ; Cour d'appel de Paris, 28 février 2013, n°12/20962 ; CA Paris, 30 octobre 2013, n°13/16834.

56 Cour d'appel de Paris, Pôle 3 - Chambre 3, 15 décembre 2016, n°16/18251.

d'une plus grande souplesse dans l'appréciation de la situation de danger[57].

Ces deux conditions cumulatives relèvent de l'appréciation souveraine des juges du fond[58].

L'appréciation du juge

Dans le cadre de l'ordonnance de protection, le juge aux affaires familiales peut prononcer un éventail de mesures assez large, mais uniquement celles qui sont expressément prévues par le texte. Ces mesures peuvent être d'ordre à la fois patrimonial et extrapatrimonial. Elles peuvent être aussi des mesures de protection individuelle ou des mesures d'interdiction. Ainsi, le défendeur peut se voir interdire de recevoir, de rencontrer ou d'entrer en relation, de quelque façon que ce soit, avec certaines personnes spécialement désignées.

Que le couple soit marié ou non, le juge peut attribuer la jouissance du logement à celui qui n'est pas l'auteur des violences et préciser les modalités de prise en charge des frais afférents à ce logement. L'auteur des violences peut donc se retrouver évincé d'un logement dont il est seul propriétaire ou locataire. Notons que cette possibilité pour le juge d'attribuer la jouissance du logement familial à un couple qui n'est pas marié constitue une véritable exception. Hors l'ordonnance de protection, le juge n'a cette faculté que pour les couples mariés.

Réglant la séparation provisoire du couple, le juge peut être également amené à se prononcer sur les conséquences financières de celle-ci. Ainsi, il fixera, pour les couples mariés, une

57 Voir notamment G. Kessler, « La déconnexion de la situation de danger et du caractère vraisemblable des violences alléguées dans le cadre de l'ordonnance de protection », *Droit de la famille* n°6, juin 2017, étude 7.

58 Cour de cassation, Première chambre civile, 5 octobre 2016, n°15-24.180.

contribution aux charges du mariage et, pour les partenaires de Pacs, l'aide matérielle prévue par l'article 515-4 du Code civil. En revanche, la difficulté reste entière pour les concubins car si le juge peut se prononcer sur la prise en charge des frais de logement et, le cas échéant, une contribution à l'entretien et l'éducation des enfants, il ne peut fixer aucune autre aide financière au profit d'un concubin.

Il va également devoir décider des modalités d'exercice de l'autorité parentale. Pour ce faire, il prend en considération « *les pressions ou violences, à caractère physique ou psychologique, exercées par l'un des parents sur la personne de l'autre* » (art. 373-2-11, 6° du Code civil). Il est extrêmement rare en pratique que l'enfant ne soit pas confié au parent non violent. Il arrive toutefois malheureusement que les adolescents préfèrent rester avec le parent le plus fort et ne souhaitent pas vivre au quotidien avec celui qui est victime, essentiellement s'agissant d'une emprise psychologique (emprise dont l'enfant peut être bien souvent également victime). Lorsque la résidence est fixée chez le parent non violent, le juge fixe les modalités de droit de visite et d'hébergement de l'autre parent qu'il peut limiter à un simple droit de visite, voire à un droit de visite dans un espace de rencontre dans des conditions plus ou moins strictes. Les violences peuvent conduire à une solution encore plus radicale : le retrait de l'exercice de l'autorité parentale. Ce retrait n'empêche pas le parent de bénéficier d'un droit de visite qui sera alors, en règle générale, très encadré.

Ces mesures sont prises pour une durée maximale de 6 mois. Elles peuvent être reconduites mais seulement si, durant ce premier délai, une requête en divorce ou en séparation de corps a été déposée ou si le juge aux affaires familiales a été saisi d'une requête relative à l'exercice de l'autorité parentale.

Ces modalités de prorogation constituent un facteur d'inégalité préoccupant pour le concubin ou partenaire victime qui n'a pas d'enfant avec l'auteur de violences car il ne peut, dans cette hypothèse, bénéficier des mesures protectrices de l'ordonnance que pendant une durée de 6 mois. Or, il est parfois dans un tel état qu'il lui est impossible de trouver, dans ce délai, le ressort suffisant pour se reloger ou trouver un travail lui permettant de subvenir à ses besoins. Ce délai peut être parfois suffisamment anxiogène pour conduire la victime à préférer continuer à subir les violences plutôt que de se retrouver dans une situation de précarité extrême. Il va de soi que l'auteur des violences utilise cette anxiété pour la menacer des pires maux en cas de séparation.

L'ordonnance de protection est susceptible d'appel dans un délai de quinze jours suivant sa notification.

Mise en application

Une fois l'ordonnance rendue, et même si elle est frappée d'appel, elle doit être respectée. Ne pas le faire expose l'auteur des violences à des sanctions pénales. Ainsi, il est passible d'une peine de 2 ans d'emprisonnement et de 15 000 € d'amende.

La loi du 9 juillet 2010, puis celle du 4 août 2017 répondent à l'objectif à la fois indispensable et louable de protection des victimes des violences conjugales. Pour autant, on s'aperçoit encore trop souvent que si le mécanisme s'avère relativement satisfaisant – même si cela est encore insuffisant – pour les victimes de violences physiques, il reste encore à parfaire pour celles qui le sont de violences psychologiques tant la preuve est difficile à rapporter. On peut cependant espérer qu'à une époque où la répression du harcèlement, sous toutes ses formes, constitue une préoccupation importante des pouvoirs publics, la justice va de plus en plus être sensibilisée et réceptive aux requêtes dont elle est saisie à cet égard, sans nécessairement contraindre ces victimes à entrer dans un processus pénal qui demande un courage supplémentaire qu'elles ne sont pas toujours en capacité d'avoir.

Cette nécessité d'une meilleure appréhension des violences psychologiques s'accompagne toutefois d'une inquiétude. Ainsi, ces accusations constituent parfois une simple stratégie dans les procédures de séparation ou de divorce. C'est même parfois l'auteur des violences lui-même qui tente de faire passer l'autre pour le bourreau. Une telle instrumentalisation n'est pas acceptable et doit être sévèrement réprimée. Elle nuit gravement à la crédibilité des véritables victimes.

Le juge dispose d'un pouvoir d'appréciation très important, mais n'a pas toujours le temps ou l'expérience pour démêler le vrai du faux. Des mécanismes d'aide devraient donc être mis en place pour pouvoir l'aider à distinguer ce qui relève du mensonge et ne pas passer à côté de situations préoccupantes voire très graves. Ainsi, l'objectif poursuivi par le législateur sera atteint : la protection des victimes de violences conjugales, quelle que soit la forme des violences exercées.

Maître Élodie Mulon

Avocate au barreau de Paris

Association de défense contre le harcèlement moral (ADCHM)

23, rue Nicolo - 75116 Paris

Tél. : 01 45 04 74 51

Pour que l'amour prenne **le visage de la sérénité**

Lorsque le temps, qui cicatrise les plaies, a passé, que le deuil de l'histoire d'amour échouée s'est fait, il est question de rebâtir, d'entrer dans un second « temps des cerises »...

L'échec d'une première union n'est plus qu'un souvenir dont les contours se diluent comme une silhouette disparaîtrait, avalée par l'horizon. Vous pensez avoir « réparé », en vous interrogeant sur vous-même, sur vos choix d'amour, sur votre fonctionnement interne et sur ce qui le régit. Depuis peu, vous vivez une nouvelle relation affective, et n'avez nullement envie de retomber dans les mêmes erreurs qu'avant. Cette fois, vous êtes décidé à prendre place parmi les couples vrais, parmi ces miraculés qui surprennent singulièrement dans le climat des amours délétères de notre début de siècle.

Très prudemment, vous avez commencé par observer les travers de votre nouveau partenaire tant la peur de voir se réveiller un fantôme vous taraudait. Puis vous vous êtes trouvé rassuré quant au bien-fondé de votre choix amoureux, après une période de méfiance naturelle. Il faudra abandonner vos habitudes et vos réflexes anciens. Car une relation nouvelle ne ressemble à aucune autre. Il faut donc être disponible pour accueillir cet autre dans son cœur, son alcôve et ses armoires. Il est donc préférable de redémarrer de zéro et de changer de lieu pour continuer sa vie autrement et avec quelqu'un d'autre. C'est là une façon radicale de désamorcer les habitudes, les nostalgies s'il en est, qui parlent davantage de la peur d'aimer que d'autre chose.

Mais la plus grande difficulté consiste à effectuer un grand ménage intérieur après une rupture douloureuse. En effet, il faut du temps et du courage pour regarder avec lucidité son passé, apprendre à endosser sa part de responsabilité, comprendre que certains choix étaient plus éclairés par la névrose que par le cœur. Apprendre à se connaître est donc la condition nécessaire pour éviter de répéter les mêmes erreurs. Or c'est souvent dans le cadre du deuxième mariage que certains règlent leurs comptes avec eux-mêmes. C'est pourquoi, avant de mettre le pied sur l'accélérateur d'une deuxième vie commune, il est préférable d'avoir analysé ce qui s'est vécu dans la « vie d'avant ». Ce regard en arrière nécessite beaucoup de temps et de patience : c'est le prix à payer pour se reconstruire.

Laisser tomber les vieux reproches comme des guenilles, se retrouver et s'accepter soi-même sont les éléments de base indispensables pour développer une relation harmonieuse et durable. Tant que ce « nettoyage de l'inconscient » n'est pas effectué, un nouveau partenaire ne peut être appréhendé. Tel Hamlet, vous risquez d'être hanté(e) par le fantôme non du père (de la mère) mais de l'époux ou de l'épouse d'avant – à moins que celui-ci (celle-ci) ait tenu lieu de celui-là –, et risquez d'attribuer à votre nouvel(le) élu(e) les travers de cette ombre. Ou encore, vous pourrez lui faire payer inconsciemment la souffrance qui vous aura laminé.

Ainsi la maturité affective indispensable à une vie de couple est-elle l'expression d'une véritable autonomie, laquelle passe par une forme d'infidélité aux modèles de l'enfance et aux premiers choix amoureux, qui souvent les réactivent. À cette condition seulement, l'être parvient à vivre avec quelqu'un sans se référer systématiquement au passé qui l'enchaîne, cette nouvelle harmonie passant aussi par l'acceptation de la différence de l'autre.

En effet, il s'agit d'abandonner définitivement l'idée de changer l'autre. Car dès lors que l'on s'inscrit dans cette dynamique, cela signifie que l'harmonie avec soi-même n'est pas encore trouvée. C'est en s'aimant suffisamment soi-même que l'on sort du désir de métamorphose du partenaire. L'indigence et la tolérance sont les deux qualités indispensables pour vivre harmonieusement en couple. Les petits conflits ne s'enveniment pas, il est davantage question de profiter de l'instant, du *carpe diem*. Les grandes amoureuses connaissent l'art du pardon et savent cultiver une forme d'humilité qui sait que le temps est un ami. Elles savent combien une relation durable est travaillée, construite et sans cesse réinventée par les progrès et projets personnels de l'un et de l'autre.

En tout cas, il est indispensable d'assimiler le fait que l'amour n'est pas tout, et que malgré ce sentiment, partagé, chacun a sa vie, ses désirs, ses passions. Vouloir posséder l'autre est illusoire et vain, cette demande ne parle d'ailleurs que d'un manque de confiance en soi et en la relation. Respecter l'espace du partenaire permet de diminuer la dépendance de celui qui y a tendance, et de maintenir une relation basée sur l'intimité et la communication. Car si l'amour s'éprouve, il ne remplace pas les mots qui font l'échange. Balayez l'idée reçue selon laquelle être amoureux rend inutile le verbe… Si cela peut se révéler vrai au début, à long terme le silence est dangereux. Toute incompréhension, tout désaccord, a besoin du secours des mots pour être désamorcé. Le courage d'exprimer ce que l'on ressent renforce la complicité.

Cependant, le désir de transparence est un mythe à déconstruire. Aimer n'engage pas à mettre son âme à nu. De la même façon, respectez le jardin secret de l'autre en évitant de disséquer son passé.

De plus, chercher son propre reflet dans le regard de l'autre ne débouche que sur d'amères désillusions. Car dans le couple, « l'un n'est pas l'autre », et seules les différences qui se frottent mènent à une complétude enrichissante. Rechercher sa propre image dans les yeux du partenaire est un « choix narcissique » : l'autre vous valorise et vous permet de mieux vous aimer. Si vous avez, par exemple, une image négative de votre corps, vous serez particulièrement attirée par la beauté physique – vous aimez en l'autre ce que vous n'êtes pas et que vous aimeriez être. Il en va de même des projections amoureuses sur des partenaires dont les situations sociales ou professionnelles incarnent une réalisation qui vous fait défaut. Telle Emma Bovary qui tombe amoureuse de Rodolphe, l'aristocrate, vous êtes fasciné, sans le savoir, par ce que vous souhaiteriez vivre par vous-même. Et le bovarysme connaît encore de nombreux adeptes…

En tout cas, ce choix narcissique, chacun l'aura compris, ne permet pas d'aimer véritablement l'autre dans sa totalité.

Réussir son deuxième mariage suppose que l'érotisme soit maintenu dans la vie quotidienne et que soit évacuée la peur obsessionnelle de perdre l'autre. Surprendre, étonner, distiller le charme comme un parfum subtil, être en projet pour soi-même, donc dans la vie, constitue la meilleure « recette » pour garder le désir en forme. Il s'agit simplement de maintenir en éveil la curiosité du partenaire, de l'affûter au quotidien. Et pour qu'amour rime avec toujours, sachez respecter le choix de votre cœur, être son complice. La générosité, les attentions renouvelées, la disponibilité permettent de s'aimer longtemps… Si l'on a conscience que le désir est une fleur fragile, il faudra cultiver la vigilance et le sens de l'effort, qui pousse naturellement.

Enfin, n'oublions pas que ce n'est pas l'autre qui peut nous réconcilier avec nous-mêmes. Le prince charmant n'existe pas. Il peut certes valser avec Cendrillon ou réveiller la Belle au bois dormant. Mais ces jeunes filles entrées dans l'amour doivent composer la suite du texte que le conteur abandonne après le mariage. Or c'est à cet instant que la grande aventure de l'amour commence et met à l'épreuve ceux qui s'y livrent. Peut-être est-ce même la dernière véritable aventure à vivre : réussir une vie de couple, en sortant de l'illusoire tentation de la domination. Aimer, c'est renoncer à dominer. Puis traverser les nuages du temps sans se laisser entamer... Un pari que les contes de fées n'ont pas pris...

Les contes de fées parfois se trompent.

Table des matières

Achevé d'imprimer en mars 2019 par Sepec - France
Numéro d'impression : 04875190304 - Dépôt légal : avril 2018

IMPRIM'VERT®

PEFC™ 10-31-1470 / Certifié PEFC / Ce produit est issu de forêts gérées durablement et de sources contrôlées. / pefc-france.org